La Parole

ISBN : 978-2-490595-55-6

La Parole

Séverine Mayer

Si c'est un enfant…

Victime. « Qui a subi un mal, un dommage ».

Boris Cyrulnik a dit : « Dans la plupart des cultures, on est coupable d'être une victime ». C'est ce que j'ai ressenti durant de trop longues années, désignée comme étant la cause de l'éclatement de la famille. J'avais osé parler. Je l'ai ressenti à nouveau, il y a peu, de manière violente, comme quand on prend une claque dans gueule… Le jour où les miens ont décidé de me confisquer la parole, le jour où ils ont décidé que ce n'était pas assez grave pour en parler, et donc, que finalement, je n'avais rien à dire.

On m'a donc demandé de me taire, de mettre tout ça de côté. Mettre de côté des années de violences incestueuses. Non ce n'était pas mon père, c'était cependant celui que je devais appeler *Papa* et qui avait autorité sur moi, ma mère ayant démissionné de ce rôle depuis bien trop longtemps sans s'en rendre compte… On me demande de considérer que ce n'était pas si grave, et puis c'est du passé après tout alors à quoi bon *continuer de faire du mal à tout le monde* en parlant de tout ça ? A tout le monde ? Sans blague… Mais moi alors, qui s'en soucie ? Je les aime, ils prétendent m'aimer, alors je devrais continuer de les protéger. Encore.

Pourtant je refuse de me taire. Je refuse. J'ai failli en crever de ce silence assourdissant, je m'en suis asphyxiée lentement jusqu'à l'overdose, la rupture. Alors non, je ne vais pas continuer à fermer ma gueule parce que d'autres ont besoin de confort, de calme, de discrétion…

Mais, si je parle ce n'est pas pour me complaire dans un statut de victime, car je ne suis plus victime aujourd'hui. En tous cas pas de la même manière. Je suis victime de séquelles, qui provoquent de la douleur, de la colère, et donc un certain besoin de dénoncer les faits comme les silences de celle qui aurait dû m'aider. Je ressens le besoin de dénoncer la gravité de ce qui m'est arrivé. Gravité dont je n'ai pris conscience que bien trop tard d'ailleurs. J'ai entendu parler de « complaisance victimaire ». Dénoncer publiquement ce que l'on a vécu, peut-on appeler ça de la complaisance ? Non. Tant qu'on a su se fabriquer une vie sur autre chose que la douleur. Je me suis fabriquée une vie, une famille, j'ai donc fait un sacré bout de chemin.

Se complaire dans un statut de victime, c'est n'exister qu'au travers de ses souffrances passées, se gargariser d'un vécu atroce pour attirer l'attention sur soi, se faire plaindre en permanence et compter sur la pitié et la complaisance pour exister. C'est aussi chercher à utiliser le drame comme moyen d'obtenir des bénéfices ou un quelconque dédommagement. C'est moche.

Dans ma démarche, il n'y a absolument pas de complaisance dans ce statut de victime. Révéler ce que j'ai subi n'est pas un moyen d'attirer l'attention, encore moins la pitié. Je me libère simplement du silence dans lequel le crime, commis contre l'enfant que j'étais, m'a plongée. Cela me permet de me délester de ce passé lourd et douloureux. Je peux grâce à ça dépasser cette douleur innommable que j'ai portée seule durant de trop nombreuses années.

Parce que ce crime-là est un mélange de violences physiques, psychologiques, de chantage, d'intimidation, d'humiliations... J'ai vécu en me sentant coupable de cette situation, avec un sentiment de honte et de crainte. Je me pensais mauvaise, monstrueuse, sans valeur, impuissante devant le déroulement de *ma* vie, incapable d'en contrôler les circonstances. Je n'avais aucune estime de moi... Ma perception de moi-même était tellement négative que je me dévalorisais sans cesse, me contraignant à ce que je pensais être le moins pire car je m'interdisais le mieux, le beau... J'ai permis à d'autres de me faire du mal sans m'en rendre compte car, sous l'apparente force qui m'animait, je n'étais que vulnérable et angoissée. Et petit à petit, à souffrir en silence, avec cette impression d'avoir été oubliée de tous, abandonnée de tous, j'en suis arrivée à penser que seule la mort me délivrerait de cette honte, cette douleur, cette solitude, cette horreur... Je suis passée à l'acte, j'ai survécu. Il a fallu du temps, des déceptions, de nouvelles douleurs et de nouveaux abandons pour finalement décider de rompre le silence sur les conséquences de toute cette horreur sur ma vie entière. Car aujourd'hui, je sais que je ne suis pas responsable, encore moins coupable.

Mais je parle, alors on me traite de folle, de menteuse... On me pousse à m'automutiler une dernière fois, cette fois ci, j'ai tranché dans le vif, j'ai arraché mes racines, mes veines... Je me suis amputée de ce qui avait été ma famille, mon sang : ma mère... Mon frère... Je les ai ôtés de ma vie, pour ne plus avoir à souffrir de leur jugement, leur déni, leur ignorance... Pour ne plus me sentir coupable de leurs échecs. Et aujourd'hui, je pense que c'est bien ça le principal problème : leur vie de merde. Mais ils ont besoin de penser qu'ils vont bien, que leur vie est saine. Ils veulent protéger leurs quelques acquis. Et surtout, ils veulent avoir les mains propres et l'esprit tranquille, aux yeux de tous.

Je voulais écrire mon histoire, en vomir chaque détail immonde et douloureux, parce que je voulais leur jeter ça en pleine figure. Je ne sais pas vraiment pourquoi, peut-être l'impression d'avoir à me justifier. De prouver que ce que je dis est vrai en leur livrant des détails de ma mémoire qu'ils n'auraient pas été en mesure de contredire. Détails cruels, écœurants, douloureux, insupportables…Mais je sais que tout ce que je pourrais raconter n'y changerait rien. Leur avis est fait, ou plutôt leur déni est tellement important pour leur confort personnel, leur équilibre social qu'ils continueront de nier et expliqueront à leur manière très habile que je transforme la vérité…

Alors je ne vais pas vomir avec des mots, ce serait inutile. Je ne vais pas entrer dans les détails de l'insupportable, mais je vais quand même tenter d'expliquer comment c'est arrivé, pour comprendre pourquoi ça a pu durer si longtemps et faire de moi le jouet d'un adulte monstrueux. Tenter d'expliquer aussi que ce crime-là est particulièrement douloureux dans la mesure où l'on ne peut s'en remettre facilement. On a besoin des autres pour guérir, ceux qu'on aime. Besoin de soutien, de reconnaissance de notre douleur. Trop souvent, dans des cas comme le mien, on se retrouve seul, paumé, mutilé, à vivre dans l'angoisse, la honte et la culpabilité. Nous, les victimes portons seules le fardeau que les autres refusent même d'imaginer. J'ai vécu des années sans que personne ne puisse m'entendre, me comprendre, m'aider. Pourquoi ?

Ma mère a admis que j'ai bel et bien eu des relations sexuelles imposées avec/par son mari. Elle a longtemps reconnu, raconté mon histoire, en profitant au passage pour exprimer sa douleur de femme battue par un monstre « il me battait, et *en plus* il violait ma fille » ... Elle le disait, que j'avais été victime durant de nombreuses années alors qu'elle-même était traitée comme une merde. Jamais, durant plus de vingt années, elle n'a remis en question ma version des faits. Version qui d'ailleurs avait été confirmée par mon bourreau, avant qu'il ne se rétracte. Mais jamais ma mère n'avait jugé mes mots comme étant douteux ou mensongers. Elle voulait quand même que je ne parle pas, à sa famille, aux voisins, à mes frères. Elle disait que ça aurait pu tuer mon grand-père, que mes frères en deviendraient malades. Je n'avais pourtant révélé que peu de choses. Elle a mis du temps à quitter ce monstre après qu'elle a eu connaissance des faits. Je n'étais plus là, mais la vie devait continuer comme si rien d'anormal ne s'était passé. J'avoue lui avoir un peu forcé la main pour qu'elle décide de le quitter. J'en avais marre de les voir, mes frères et elle, vivre dans la misère, de la savoir battue et humiliée, encore et toujours. J'avais peur de l'avenir de mes frères, ou plutôt du manque de perspective d'avenir auprès de lui. Leur départ fut difficile, la situation très précaire de ma mère ne l'a pas aidée à prendre la décision. Il a fallu qu'il lève la main sur moi, une fois de plus, puis sur elle ensuite, pour que mes frères et elle quitte en courant la maison où ils vivaient. Elle a ensuite vécu avec mes frères dans des conditions difficiles, à la fois financièrement et moralement. A cette époque, j'étais toujours la victime, dont ma mère prétendait être fière car j'avais, selon elle, surmonté, et que je la soutenais pour retrouver une vie normale avec mes frères. Bien qu'elle n'ait jamais, jusque-là, cherché à entendre la totalité de ce qui m'était arrivé. Et je me suis bien gardée de lui faire du mal en lui expliquant tout ce qu'elle aurait dû savoir.

Et puis de son statut social de femme seule en situation précaire elle est passée, il y a peu, au rang d'épouse d'un commissaire de police en retraite. Alors vous comprenez, ce passé, cette histoire sale et dérangeante, il fallait l'écraser du talon et en disperser soigneusement autant que discrètement les miettes sous le tapis. C'est donc cette mère, responsable de non-assistance à son enfant en danger, et même en partie responsable de la dérive de l'un de ses fils, responsable de ne pas avoir assumé ses responsabilités auprès de ses enfants, qui me traite de folle, de menteuse en arrangeant la réalité de manière à prétendre que ce n'était pas si grave et que ça n'a pas pu arriver aussi souvent que je le prétends … Dans son délire elle ne se rend même pas compte de l'horreur de sa position : car une unique fois aurait été une fois de trop qui aurait nécessité une action en justice, des soins pour m'aider à devenir une personne « normale ». Un suivi également pour mes frères, à qui elle a annoncé froidement « votre père a violé votre sœur ».

Je n'ai eu de soutien de personne. Mes frères étaient trop jeunes. Ma mère m'a écartée du risque en m'aidant à quitter le foyer familial et m'a demandé de me taire, pour protéger mes frères disait-elle... Ne pas aller voir la police, ne pas faire de scandale. En réalité se protéger elle du jugement de tous : parents, voisins, et même étrangers... Car pour elle, seules les apparences étaient importantes, mais ça, je l'ai compris bien trop tard à mes dépens. Elle vivait dans le déni de son propre malheur, de l'horreur permanente infligée à mes frères. Elle n'était pas prête à affronter une situation aussi violente, aussi terrifiante, aussi destructrice.

Je n'ai pas su me reconstruire tout de suite. Il m'a fallu atteindre l'âge de trente-quatre ans pour réussir à tout dire, tout de mon enfance mais également de ma vie d'adulte... Car quand on commence sa vie dans l'abject, on a du mal à discerner le bien du mal, on a du mal à appréhender le monde, les autres... Alors on fait des erreurs, on se pousse à bout soi-même pour se prouver qu'on est en vie. On fait des conneries, on accumule les échecs. C'est en rencontrant ce qu'il convient d'appeler « l'homme de ma vie » que ma vie a commencé à devenir saine et heureuse. Parce qu'il m'a permis d'être moi, sans faux-semblants, sans avoir à tricher, sans avoir à me cacher. Six années de plus ont été nécessaires pour que je réalise la responsabilité de ma mère, le déni de mon frère... Réaliser le confort monstrueux offert à mon bourreau qui n'aura finalement jamais eu à répondre de ses actes et qui vit depuis maintenant vingt ans aux crochets de la société en parasite qu'il a toujours été.

Je suis heureuse. J'ai une vie digne de ce nom. Est-ce que je suis libérée pour autant ? Non. Les cauchemars sont toujours quelque part, pas loin, prêts à m'assaillir à la moindre fatigue, la moindre faiblesse. Les souvenirs sont rangés, mais pas effacés, car ils existent bel et bien ces moments immondes gravés dans mon esprit, ma chair, mon âme. Ce que je suis aujourd'hui est la conséquence de tout ce que j'ai vécu. Il y a du bon : un caractère fort, une volonté à toutes épreuves, une empathie immense et la faculté d'entendre les douleurs des autres et de les apaiser, le goût de vivre, l'envie d'aimer et d'être aimée, et sans doute d'autres choses dont je ne me rends pas compte...

Cependant, il y a le mauvais aussi... Les problèmes de santé, devenus chroniques. Les troubles du sommeil. Les phobies. Les crises d'angoisse incontrôlables lorsque je suis trop fatiguée ou fragilisée par un quotidien difficile. La tendance à surprotéger mes enfants, bien qu'en en ayant conscience je fasse tout pour freiner cet excès. L'impression d'avoir besoin de contrôler le moindre évènement de ma vie au risque de perdre pied. Les pulsions suicidaires, qui ne s'expliquent plus car consciemment je n'ai pas envie de me suicider, mais quand je vais très mal, l'idée me traverse systématiquement la tête sans je puisse l'en empêcher. Une sensibilité excessive qui me contraint à souffrir de la moindre déception humaine, qui me fait pleurer comme une enfant quand je suis blessée. Un besoin de m'exprimer qui dérange et me vaut parfois d'être montrée du doigt. Une difficulté chronique à m'adapter professionnellement dans un groupe, un système. L'impossibilité de me soumettre à l'autorité d'une hiérarchie quelconque. Le sentiment d'être différente, en marge de cette société dont je n'ai pas appris les codes élémentaires.

Bref, je suis excessive. En tout. Et j'en souffre souvent car je le sais et ne parviens pas à me corriger. Mais au fond de moi je ne veux plus avoir à être conforme à la norme... J'ai compris que je ne fais pas partie de cette norme, car j'ai été élevée, ou plutôt dressée comme un animal, une marionnette, mais pas comme un membre ordinaire de cette société.

Mais par-dessus tout, je ressens le besoin de faire de mon histoire quelque chose d'utile. D'une certaine manière c'est aussi me rendre justice, car personne ne m'a officiellement reconnu ce statut de victime, et personne n'a cherché à savoir comment j'ai survécu à ces années de traumatismes silencieux et répétitifs. Personne n'a jamais su à quel point le crime incestueux dont j'ai été victime est une tragédie qui a fait basculer mon existence toute entière. Personne n'a la moindre idée de ce que j'ai traversé pour en arriver où j'en suis aujourd'hui. Je veux que l'on sache à quel point mon intimité, mon corps, mon esprit, mon âme ont été souillés, malmenés, abimés à jamais. Je veux que l'on comprenne ce qui m'est arrivé.

Je souhaite que mon témoignage permette à d'autres victimes de se reconnaître et de s'exprimer à leur tour. Je souhaite que les institutions qui luttent contre la pédophilie aient un témoignage de plus pour aider l'opinion publique à comprendre et admettre que le viol des enfants est un crime contre l'humanité et que ces enfants-là, devenus adultes ont besoin d'aide pour ne pas subir à jamais les conséquences de cette horreur.

Et je veux qu'on sache ce que ressent la victime d'un crime incestueux... J'aimerais faire comprendre qu'il n'est pas si facile d'appeler à l'aide, j'aimerais expliquer la manière dont tout ça a pu se produire. Je ne peux que livrer mes propres sentiments, mes propres souvenirs, mes propres douleurs. Mais au moins, que tout ça serve à quelqu'un, ne serait-ce qu'une seule personne et j'aurais le sentiment de ne pas avoir été torturée en vain.

Je vous livre ici en vrac ces sentiments, ces états, et je vais tenter dans les chapitres qui suivent de les décortiquer de la manière la plus objective possible. Je sais d'ores et déjà que ce ne sera pas simple, mais comme rien ne l'est quand on est moi, je prends le risque de traverser à nouveau quelques périodes difficiles en mettant des mots sur tout ça.

La liste des mes maux, passés ou encore présents : La terreur. Le sentiment permanent d'insécurité. La peur d'être seule dans le noir, les terreurs nocturnes. Un certain dégoût de la nourriture, des troubles alimentaires qui peuvent aller de la boulimie à l'anorexie. Maux de ventre, maux de tête, douleurs articulaires. Difficulté à me déshabiller, besoin extrême d'intimité physique, honte de mon corps. Comportements compulsifs et/ou addictifs (par exemple, je me coupe les cheveux quand je suis en colère et il m'est arrivé d'abuser de l'alcool au point d'en vomir). Automutilation (j'ai souvent donné des coups de poings ou de tête contre les murs, il m'est arrivé de m'assommer littéralement), tendance à l'autodestruction. Phobies (par exemple : peur des constructions métalliques, ponts, tours). Besoin d'être invisible ou plutôt de me cacher derrière un masque. Pensées suicidaires, tentatives de suicide. Dépressions, crises de pleurs, crises d'angoisse. Colère constante parfois difficile à exprimer ou au contraire difficile à contenir. Contrôle extrême du processus de pensée. Difficulté à parler de mon enfance sans mentir. Besoin de cacher mes sentiments ou de mentir sur ceux-ci. Incapacité à faire confiance. Prises de risques totalement démesurées. Fuite devant les difficultés. Peur de perdre le contrôle de ma vie, tentatives obsessionnelles de contrôler des choses/événements sans importance. Peur de décevoir. Culpabilité, honte, absence totale d'estime de moi-même. Enorme besoin d'amour. Difficultés à savoir aimer. Difficulté à finaliser des projets de peur de l'échec (qui signifie : tu n'es pas capable car tu n'es rien de bien»). Sentiment d'être différente, folle. Relations souvent conflictuelles avec mon entourage (la proximité est un problème). Difficultés à supporter le bonheur car j'ai l'impression qu'il cache une menace. Brusques changements d'humeur, souvent provoqués par un détail, pouvant donner l'impression de personnalités différentes. Je minimise les douleurs, maladies, par peur de donner l'impression de me plaindre.

On n'imagine pas à quel point les conséquences de l'inceste sont graves. Ce crime a affecté mon développement d'enfant en construction et a produit une personnalité morcelée, une enfant apeurée dans le corps d'une adulte a priori forte et responsable. Adolescente puis jeune adulte, on me trouvait très mûre pour mon âge. En réalité je ne comprenais pas le monde qui m'entourait et j'étais facilement influençable, extrêmement vulnérable. Je garde une fragilité extrême que je dissimule autant que possible.

Selon certains médecins, chercheurs qui s'intéressent à la cause des enfants maltraités, « Les violences sexuelles sont à l'origine de graves conséquences sur la santé mentale et physique directement liées à l'installation de troubles psychotraumatiques sévères qui, s'ils ne sont pas pris en charge spécifiquement, peuvent se chroniciser et durer de nombreuses années, voire toute une vie. Ce sont des conséquences normales des violences. Ils sont pathognomoniques, c'est à dire qu'ils sont spécifiques et qu'ils sont une preuve médicale du traumatisme. »

Apprendre que ce dont j'ai souffert, et souffre encore, est une conséquence directe de ce que j'ai subi, m'a permis de prendre conscience de la gravité de ce qui m'est arrivé. Et j'ai appris qu'il existe comme moi des centaines de personnes qui souffrent à la fois physiquement et psychologiquement sans être diagnostiquées, sans même imaginer que quelques professionnels sont à même d'apporter l'aide nécessaire pour aller mieux. Mais il y a peu de ces professionnels qui soient formés, et donc les victimes sont abandonnées sans traitement spécialisé. Selon le docteur Salmona, « tout se passe comme si on laissait un polytraumatisé après un accident se réparer tout seul sans soin, au pire il pourrait en mourir, se retrouver le plus souvent avec de lourdes séquelles et de lourds handicaps, et au mieux s'en sortir à peu près mais après quelles souffrances !! C'est ce qui se passe pour les victimes de violences sexuelles alors qu'elles sont poly-traumatisées psychiquement et neurologiquement on les laisse sans soin, alors qu'il existe des soins efficaces. C'est inhumain. Et comble de l'injustice, on leur reproche sans cesse leurs symptômes et leurs handicaps.» J'ai moi-même eu du mal à comprendre le processus de ces conséquences, et c'est en lisant les articles du docteur Salmona que j'ai appris ceci : « les troubles psychotraumatiques sont générés par des situations de peur et de stress extrêmes provoquées par les violences. Ces violences sexuelles sont tellement terrorisantes, sidérantes, incompréhensibles, incohérentes et impensables qu'elles vont pétrifier le psychisme - le mettre en panne - de telle sorte qu'il ne pourra plus jouer son rôle de modérateur de la réponse émotionnelle déclenchée par l'amygdale cérébrale qui joue un rôle d'alarme en commandant la sécrétion d'adrénaline et de cortisol (hormones de stress).

La réponse émotionnelle monte alors en puissance sans rien pour l'arrêter et atteint un stade de stress dépassé qui représente un risque vital cardio-vasculaire (adrénaline) et neurologique (cortisol) par "survoltage" et impose la mise en place par le cerveau de mécanismes de sauvegarde neurobiologiques exceptionnels sous la forme d'une disjonction. C'est un court-circuit qui isole l'amygdale cérébrale et qui permet d'éteindre la réponse émotionnelle. Cette disjonction se fait à l'aide de la libération par le cerveau de neuromédiateurs qui sont des drogues dures endogènes morphinelike et kétaminelike.

La disjonction entraîne une anesthésie émotionnelle et physique alors que les violences continuent et elle donne une sensation d'irréalité, de déconnexion, de corps mort, de n'être plus dans la situation mais de la vivre de l'extérieur en spectateur, c'est ce qu'on appelle la dissociation. La dissociation peut parfois s'installer de manière permanente donnant l'impression de devenir une automate, d'être dévitalisée, déconnectée, anesthésiée, confuse, une morte-vivante. » J'ai compris que c'est exactement ce qui m'est arrivé. J'ai donc admis la légitimité de mes problèmes de santé. C'est ce qui m'a permis de me reconnaître le droit de m'exprimer et de témoigner. Car je fais partie de ces individus qui continuent de souffrir en silence, et qui continuent de subir, car quand on se croit sorti d'affaire, on doit faire face à ceci : « La disjonction est aussi à l'origine de troubles de la mémoire (amnésie) et d'une mémoire traumatique, la mémoire émotionnelle des violences va rester piégée dans l'amygdale, isolée elle ne pourra pas être traitée par l'hippocampe (structure cérébrale qui est un logiciel de traitement et d'encodage de la mémoire consciente et des apprentissages). Cette mémoire traumatique va alors rester en l'état, surchargée d'effroi, de détresse, de douleur et exploser ensuite à distance des violences de manière incontrôlable au moindre lien ou stimulus qui rappellent les violences (situations, lieux, odeurs, sensations, émotions, stress, etc…). Elle fait revivre à l'identique, de façon intolérable les violences avec les mêmes émotions, les

mêmes sensations, le même stress dépassé lors des réminis-
cences ou lors de cauchemars. Elle envahit totalement la conscience et provoque une détresse, une souffrance extrême et à
nouveau un survoltage et une disjonction.

La vie devient un enfer avec une sensation d'insécurité,
de peur et de guerre permanente. Il faut être dans une vigilance
de chaque instant pour éviter les situations qui risquent de faire
exploser cette mémoire traumatique. Des conduites d'évitement
et de contrôles de l'environnement se mettent alors en place.
Toute situation de stress est à éviter, il est impossible de relâcher
sa vigilance, dormir devient extrêmement difficile.

La vie devient un terrain miné par cette mémoire traumatique qui est tout le temps susceptible d'exploser en se rechar-
geant encore plus à chaque fois, et en créant au bout d'un certain
nombre d'explosions une accoutumance aux drogues dures endogènes disjonctantes. À cause de cette accoutumance l'état de
stress dépassé avec survoltage ne peut plus être calmé par la
disjonction, la souffrance devient intolérable, avec une impression de mort imminente. Pour y échapper il n'y a plus comme
solution que de recourir au suicide ou à des conduites dissociantes, c'est à dire à des conduites qui augmentent brutalement
le niveau de stress pour arriver coûte que coûte à sécréter suffisamment de drogues dures endogènes (pour disjoncter malgré
l'accoutumance), ou qui renforcent l'effet des drogues endogènes
grâce à une consommation de drogues exogènes (alcool,
drogues, psychotropes à hautes doses).

Ces conduites dissociantes sont des conduites à risques et de mises en danger : sur la route ou dans le sport, mises en danger sexuelles, jeux dangereux, consommation de produits stupéfiants, violences contre soi-même comme des automutilations, violences contre autrui (l'autre servant alors de fusible grâce à l'imposition d'un rapport de force pour disjoncter). Rapidement ces conduites dissociantes deviennent de véritables addictions. Ces conduites dissociantes sont incompréhensibles et paraissent paradoxales à tout le monde (à la victime, à ses proches, aux professionnels) et sont à l'origine chez la victime de sentiments de culpabilité et d'une grande solitude. Elles représentent un risque très important pour sa santé (accidents, maladies secondaires aux conduites addictives). » J'ai reçu ces informations comme un électrochoc, car je me suis reconnue dans ces descriptions… Les études du docteur Salmona devraient, à mon sens, circuler très largement pour faire comprendre qu'il faut cesser à jamais de prétendre que ce n'est pas si grave. C'est en lisant cet article que j'ai également compris certains de mes excès, de mes dysfonctionnements. Car avant, personne ne m'avait expliqué que mes problèmes de santé, d'anxiété, de dépressions pouvaient être en lien direct avec mon enfance et les traumatismes que j'ai subis. D'ailleurs, je n'aurais jamais osé parler de traumatismes, on m'a tellement répété que ce n'était pas si grave !

Pour que vous compreniez de quoi je vais parler, il faut que vous sachiez plusieurs choses. Quand on a été victime de violence, parler est presque impossible. Evoquer un évènement traumatisant, c'est raviver une douleur. Quand les violences sont le fait d'un proche, d'un membre de la famille, c'est encore plus difficile.

Parce que parler, c'est dénoncer. C'est dire ce qui s'est passé, et dire que ça n'a été qu'une longue agonie. C'est dire que le coupable est un monstre, que donc le père, le mari, le frère, bref celui qui est a priori un être cher, une personne de confiance n'est en réalité qu'une merde inhumaine. On n'a pas le droit de salir quelqu'un qui est aimé. Même si ce quelqu'un mériterait la guillotine. Alors on se tait. Par peur de celui que l'on devrait dénoncer, parce que c'est un fou, parce qu'il est celui qui porte les coups, celui qui abime. Par peur de faire du mal aux autres, ceux qui ne savent pas, ceux qui voudraient croire en cet homme. Même si cet homme, au quotidien est loin d'être à la fois père et mari exemplaire... Même si cet homme a plus d'amour pour l'alcool que pour les siens. Même si cet homme se fout éperdument de foutre en l'air la vie de sa victime, et celle de sa famille par répercutions. On se tait. Et on souffre doublement. Se taire c'est aussi devoir mentir. Si l'on ne dit pas qu'on souffre, encore faut-il avoir l'air heureux... Il faut jouer un rôle, ne pas éveiller les soupçons. Même s'il est toutefois légitime de penser que certaines personnes auraient dû avoir des soupçons, auraient dû ressentir cette douleur, ce malaise constant. C'est pourquoi, il faut tant d'années pour parvenir (lorsque l'on y parvient), à parler de ces maux sans sombrer de nouveau. Il faut avoir réussi à se détacher de ceux qui vous contraignent au silence volontairement ou pas.

Parler, raconter c'est faire appel à ses souvenirs autant qu'à ses émotions. Les émotions sont ce que j'ai ressenti, ce que je ressens encore parfois. Mais les souvenirs… Ils sont forcément discutables car ce sont mes souvenirs. Je ne peux les situer dans le temps que parce que je les associe à des évènements, des lieux, des personnes qui ont marqué mon évolution et que je peux faire correspondre à des dates même approximatives : par exemple, je sais que j'avais neuf ans et demi lorsque ma famille a emménagé à Marseille car mon dernier petit frère avait six mois, c'était un bébé en couche-culotte qui dormait dans un couffin. Je me souviens que j'étais en CM1 et que l'année scolaire n'était pas terminée mais que je n'ai pas beaucoup fréquenté la nouvelle école où j'ai terminé l'année donc je situe cette arrivée à Marseille aux alentours du mois de mai 1981. Alors forcément, mes souvenirs sont parfois approximatifs, et c'est hélas ce qui permet à ma mère de dire que je mens ou que je transforme la vérité… Car je ne suis pas assez précise ! Mes souvenirs sont aussi difficiles à comprendre, à croire car j'étais seule à les vivre, mon bourreau n'ira jamais reconnaître la vérité, donc mes souvenirs ne sont que « ma version des faits ». Et ils sont tellement immondes : qui a envie de croire de penser que de tels actes peuvent être commis ? Il est plus facile de crier au mensonge que d'accepter une telle réalité.

Parler c'est forcément risquer d'être montrée du doigt par ceux qui préfèrent nier l'évidence, parce que je serai fatalement accusée de vouloir attirer l'attention ou faire *encore* du mal à ma famille. Je risque donc d'être attaquée, critiquée, voire même insultée. Mais ce risque-là n'est rien en comparaison de celui de me taire qui lui me ferait beaucoup de mal psychologiquement... De plus, c'est un risque mesuré, car je suis certaine d'avoir acquis la maturité et la force de réaliser cet exercice, sans compter la présence à mes côtés d'une famille et d'amis qui sont devenus une véritable force...

Mais surtout, parler c'est livrer enfin les faits tels que je les ai vécus. Ceux qui voudront bien considérer que ces faits-là sont indiscutables, comprendront pourquoi il ne m'est plus possible de me taire et d'accepter encore de protéger les autres des retombées de cette horreur. Il n'est pas juste que depuis vingt-cinq ans je doive continuer à faire passer les autres avant moi, en m'infligeant tant de solitude.

Comment tout a commencé.

Pour ce que j'en sais... Ce que l'on a bien voulu me raconter. Je suis la fille d'un couple de jeunes adultes immatures. Je suis née en novembre 1971, d'une mère qui avait vingt ans et d'un père qui en avait vingt-et-un. Ma mère est issue d'une famille modeste, des siciliens habitant une cité des mines dans le nord de la France. Elle a eu une enfance comme beaucoup d'enfants de sa génération et de son milieu : stricte, mais juste, avec le sens des valeurs. Une enfance heureuse malgré les coups durs que peuvent traverser un grand nombre de familles. Son père était sévère, et il n'hésitait pas à sortir son ceinturon pour corriger ses enfants, il ne perdait pas de temps en explications. Les années 1970 sont synonymes de libération de la jeunesse, de libération sexuelle. Ma mère est une magnifique jeune fille qui veut se révolter à sa manière devant une éducation un peu trop rigide. Elle aime plaire, pour elle il est important d'être la plus belle. Elle est immature, ne connaît pas grand-chose de la vie en général, de son corps quasiment rien, elle m'a raconté un jour que lors de ma naissance, elle ne savait pas par où j'allais sortir... Elle est tout naturellement tombée amoureuse de mon père. Un très beau jeune homme, qui est issu du même milieu ouvrier, d'origine allemande. Il est aussi immature qu'elle, mais sans doute plus malin, d'une conscience différente et avec des besoins et des envies différents. Enfant, mon père a perdu son père, tué pendant la guerre d'Algérie, il a perdu une petite sœur qu'il a veillée tant qu'il a pu. C'est un jeune homme d'une grande sensibilité, mais qu'il cache facilement.

Ces deux-là se marient plus ou moins sous la contrainte lorsque ma mère découvre sa grossesse. Il fallait réparer en somme. Si ma mère croit au grand amour, mon père lui ne voit pas ça de la même manière… Il m'a expliqué que pour lui ce n'était qu'une histoire de cul qui a mal tourné… Donc forcément, ma naissance ne l'enchante pas, les contraintes quotidiennes qui vont avec encore moins : il faut travailler, assumer des responsabilités pour lesquelles il n'est pas prêt. Il ne supporte pas la vie de couple avec ma mère.

Mes parents habitent une petite maison sans eau courante, isolée dans un petit village du Nord. La vie est difficile. Je connais quelques passages de leur histoire, que ma mère m'a raconté, mais j'ai du mal à savoir ce qui est vrai, ce qui est fantasmé, ce qui est exagéré. Mais pour résumer ce que je sais, à mon premier Noël (j'ai alors un mois et demi), mon père n'est déjà plus là. Ma mère doit assumer seule ma charge avec très peu de moyens, et aussi très peu de temps car elle doit travailler pour payer son loyer, me nourrir, puis ensuite payer ma nourrice. La vie est très dure pour elle.

Je ne vois mon père que très rarement. Sa famille a quasiment coupé les ponts avec ma mère, donc je n'ai plus que ma famille maternelle. Finalement, c'est chez ma grand-mère et mon grand-père que ma mère me laisse lorsque j'ai neuf mois (me semble-t-il, c'est ce que m'avait dit ma grand-mère), elle n'a pas vraiment le choix, matériellement, humainement. Je crois d'ailleurs que c'était la meilleure option me concernant et c'est sans doute la plus belle chose que ma mère ait faite pour moi : m'offrir un quotidien serein dans un vrai foyer, entourée de l'amour de ma grand-mère et de mon grand-père, élevée auprès de mes oncles et tantes (dont deux sont à peine plus âgées que moi) et au cœur d'un réseau, un clan familial uni. Je crois aujourd'hui que sans ces années passées avec ma grand-mère, je n'aurais pas eu le courage de tenir le coup. L'amour que j'ai reçu durant ces années a été une véritable force. Je sens encore cet amour, présent dans mon cœur comme si rien n'avait pu l'altérer. Il a été mis en veille, longtemps, mais je n'ai pas oublié ce sentiment de bonheur dans les bras de ma grand-mère.

Je vais vivre comme cela jusqu'à mes quatre ans. Je vois ma mère régulièrement, elle vient me chercher et me ramène ensuite. Je n'ai pas tellement de souvenirs de ce que nous faisions et où. Je me souviens du café où nous attendions le bus, des meringues qu'elle m'achetait, des croque-monsieur dans une brasserie de la place d'Armes de Douai, des religieuses dans leur longue robe noire qui passaient sous le porche de la mairie et que ma mère appelait pour rire « les chauve-souris ». Je me souviens beaucoup plus de la vie « chez moi », avec Mamie. Je me souviens de la maison, des odeurs de cuisine, des fins de journées quand Papy rentrait du travail, de la lumière par la fenêtre quand nous étions à table, des jeux avec mes tantes et mon oncle. De la « voyette » (petite allée au milieu du jardin) et de la chasse aux papillons que j'y faisais… Des chansons en italien car tout le monde chantait dans cette famille. Ce sont des souvenirs heureux, parfois flous, parfois très nets comme la fois où j'avais fait une insolation, je me souviens exactement des gestes de ma grand-mère et de l'endroit où elle m'avait installée pour me reposer. Mais j'ai du mal à les situer dans le temps.

Mes souvenirs précis commencent en fait au moment où ma vie a basculé.

Nous étions ma mère et moi dans ce café devant la gare, nous attendions le bus pour me ramener chez mes grands-parents.

Je m'en voudrais jusqu'à mon dernier souffle d'avoir souri à ses grimaces. Au premier abord, un gars plutôt gentil. Un artiste. Il était là avec sa blouse pleine de peinture et ses cheveux hirsutes. Avec mes yeux de môme il ressemblait à un clown. Il me faisait des grimaces, j'ai souri. Ma mère l'a regardé, elle a souri. Et c'était parti.

Dire ce qu'ils ont vécu tous les deux me serait difficile. Je ne me souviens que de ce contact-là, un instant qui ne devrait pas être traumatisant, juste une parenthèse dans la vie d'une enfant de trois ans, un gars qui fait le pitre pour l'amuser et peut-être aussi surtout pour attirer l'attention de sa mère. Banal…

A ce moment-là j'étais bien loin d'imaginer ce qui se passerait plus tard. D'ailleurs vous dire pourquoi je me souviens de ses grimaces, j'en suis incapable. Je me souviens de la table où nous étions ma mère et moi, et de l'éclairage dans le café qui virait au jaune orangé. Le reste est flou.

Ce dont je me souviens ensuite, c'est de sa visite à lui chez mes grands-parents. Je me souviens qu'il était assis sur le canapé comme en terrain conquis, il avait des chaussures sales et trouées. Je me souviens que dans la cuisine, ma grand-mère levait les yeux au ciel. Je me souviens de messes basses entre ma mère et ma grand-mère qui semblait contrariée.

Et puis un jour…

Je me rappelle être en bas d'un immeuble, et ma mère m'explique que c'est là ma maison. Que je vais habiter là, avec elle.

C'était censé être une bonne chose, mais j'étais inquiète, parce que ma maison je savais où elle était : chez Mamie. Mais j'avais peur de faire de la peine, alors je n'ai rien manifesté. En tous cas je ne crois pas avoir montré que je n'étais plutôt pas enthousiasmée !

Sur les faits qui vont suivre, chronologiquement, il se peut que je ne sois pas juste. Jusqu'à une certaine époque, j'avoue avoir du mal à situer les faits dans le temps. Par exemple, je me souviens avoir uriné sur moi un jour où il était là, c'était l'heure du midi, j'ai eu une frayeur en le voyant. Ma mère m'a disputée, et lui s'est moqué de moi. Je suis incapable de dire quel jour, quelle saison… Mais je sais que c'était l'heure du midi car il a fallu me changer avant de retourner à l'école, et ma mère a continué de me sermonner sur le chemin. Mais j'essaie de raconter des souvenirs d'enfant ! Les choses ne sont pas si claires que pour les adultes, on ne tient pas de journal, je ne cochais pas les jours sur un calendrier…

Je passais beaucoup de temps avec lui. Il me semble que ma mère travaillait à l'hospice de la ville. Je dis il me semble, parce que dans mon souvenir c'est comme ça. Donc j'étais avec lui, souvent. Parce qu'il avait eu un accident, il ne travaillait plus. Il a longtemps été en fauteuil roulant, puis il se déplaçait avec des béquilles. En tout cas devant les autres, car quand nous étions seuls, il marchait sans aide.

Avec le recul, je suppose qu'il me testait. Il voulait savoir à quel point je pouvais être docile. Je devais passer le balai, lui apporter ce qu'il me demandait. Quand je ne suivais pas ses ordres à la lettre, j'avais droit au déculottage et à la fessée. Il disait « si tu ne dis rien à ta mère, je ne raconterai pas comme tu es vilaine et méchante ». Alors forcément, je ne disais rien à ma mère. Je ne voulais pas la décevoir…

Et puis il a commencé à me faire du mal avec des paroles. Il me faisait m'asseoir en face de lui, et il parlait lentement avec une voix posée, calme, presque douce… « Tu sais que personne ne t'aime, personne ne veut de toi. Ton vrai papa t'a abandonnée parce que tu n'es pas belle. Ton papy ne veut pas de toi parce que tu fais trop de bêtises. Ta mamie ne veut pas de toi parce que tu es méchante. Ta maman te garde pour l'instant parce que je lui ai dit de ne pas te mettre à la poubelle. Mais si tu n'es pas gentille avec moi, alors on te mettra dans une poubelle ». Oui, c'est idiot. Mais à quatre ans, on se sent triste, désemparé. Je sanglotais avec une boule dans le ventre, une boule dans la gorge et j'avais peur que maman me mette à la poubelle. Alors comme ça, un jour il m'a demandé « tu vas être gentille et faire tout ce que je dis ?». J'ai répondu « oui », il m'a prise dans ses bras et m'a promis qu'il allait s'occuper de moi et que personne ne me mettrait à la poubelle. Il a dit que je ne devais pas dire à ma mère que je savais qu'elle ne m'aimait pas pour ne pas la mettre en colère, sinon elle voudrait vite se débarrasser de moi. En bref, je n'avais plus que lui sur qui compter. Tout à coup, là dans ses bras j'ai eu le sentiment d'être en sécurité. Il était le seul à vouloir de moi. A condition que je lui obéisse et que je ne dise rien à personne de nos secrets... Pourtant ça faisait mal, de savoir que plus personne ne voulait de moi.

Mais je n'arrivais pas à l'appeler « papa » ... Je me souviens d'un jour où il s'est plaint à ma mère. « Ta fille ne veut pas de moi, elle ne veut pas que je sois son papa ». Ma mère m'a fait la leçon. Je me souviens que je n'entendais pas ce qu'elle disait, parce que dans ma tête, je me préparais à ce qu'elle dise qu'elle ne voulait plus de moi.

Alors il s'est mis à me pousser à bout.

Je me souviens parfaitement de ce jour-là, car il symbolise le début des violences physiques. Je devais, comme souvent, passer le balai. J'étais petite, le manche du balai était trop grand pour moi. Il avait sa table de travail, où il y avait un grand carton à dessin, des crayons, des fusains, et une boite de feutres. Des feutres de couleurs rayés de blanc, avec un capuchon blanc.

La boîte dépassait de la table et je l'ai faite tomber avec le manche du balai. Il s'est mis à hurler. Il m'a saisie par le bras et m'a fait mettre à genoux. Il a d'abord pris une règle en bois, qu'il m'a demandé de poser sur le sol. Ensuite il m'a demandé de poser mes genoux dessus. Comme ça faisait mal, j'ai voulu bouger et l'enlever, je disais que je ne pouvais pas rester comme ça... Il a pris une autre règle, plate, et m'a donné des coups sur la joue et dans le cou. Je me suis mise à pleurer, je voulais cacher mon visage dans mes mains. Alors il a pris des livres, de gros livres comme des dictionnaires. Il m'a fait tendre les bras le plus haut possible et m'a mis les livres dans les mains. A chaque fois que je baissais les bras, il me donnait un coup de règle sur le bras, ou sous le bras. Je pleurais, je suppliais. Je ne sais pas vraiment combien de temps ça a duré, mais j'ai vu le jour tomber. J'étais épuisée, j'avais mal.

Ce dont je me souviens ensuite, c'est de ma mère qui veut me mettre en pyjama. Et elle découvre mes bras tuméfiés. Et là il raconte que je suis allée jouer dehors, en bas de l'immeuble, et que je suis remontée en disant que des gamins m'avaient bousculée et cognée contre le mur... J'avais appris ma leçon. J'ai confirmé.

Il avait gagné. J'étais silencieuse. J'avais peur.

Et c'est comme ça qu'il a pu passer un cran au-dessus. Je me souviens de tout. Dans le moindre détail. J'étais debout sur un tabouret pour me laver au lavabo de la salle de bain. Comme j'étais maladroite, il surveillait pour que je ne mette pas d'eau partout. Sur ma gauche, posée sur le sol il y avait la petite machine à laver de ma mère, une « Calorette », et à côté du linge sale. Il s'est assis par terre. Il a ouvert son pantalon et sorti ce truc que je n'avais jamais vu. Il a commencé à se masturber. Il m'a dit de venir à côté de lui, de m'asseoir à côté de lui, et a pris ma main en me disant « touche comme c'est doux ». Je ne voulais pas, alors il a tiré mon bras et a posé ma main sur son sexe. Il m'a dit « c'est pour toi, c'est un cadeau, tu peux le caresser, lui faire des bisous, tu veux lui faire des bisous ? ». J'ai dit non. Je ne comprenais pas ce que c'était, mais je trouvais ça « pas normal ». Il a dit que je devais faire des bisous sinon il me punirait. J'ai dit que je ne pouvais pas. Il a demandé pourquoi. Je me souviens avoir dit « j'aime pas » … Il a attrapé mes cheveux, tiré ma tête vers son truc, et l'a collé à ma figure, a crié « ouvre la bouche ». Je ne pouvais pas, je pleurais déjà, j'avais peur. Il frottait mon visage à sa verge, il insistait « ouvre ta bouche » ! Je pleurais… alors il m'a lâchée. Et m'a parlé doucement. « C'est comme un bonbon, une sucette, toutes les petites filles en veulent, et toi je te le donne, alors tu vas montrer que tu es contente et tu vas l'embrasser, sinon je laisserai maman te mettre à la poubelle … ». Je pleurais encore. Il tenait mon poignet, me tirait vers lui. Il a ajouté « si tu ne veux pas que je me fâche, tu dois obéir ». J'ai obéi. Il a éjaculé sur mon visage. J'avais des haut-le-cœur… Il m'a attrapée par les bras, m'a posée dans la baignoire, et m'a arrosée à l'eau froide. Je pleurais toujours.

Je ne savais pas encore que ma mère était enceinte. Sa grossesse ne se voyait pas encore. J'avais quatre ans et onze mois quand mon petit frère est né. On peut considérer que ma première agression sexuelle, je l'ai vécue à quatre ans. Ma mère soutient que ce n'est pas possible, parce que j'avais plus de quatre ans quand nous avons emménagé dans cet appartement. Ma grand-mère m'avait dit que j'avais environ trois ans et demi lorsque ma mère m'a reprise avec elle. Je suis tentée de croire ma grand-mère. Mais je ne sais qu'une chose : à ce moment précis où ma vie a basculé en enfer, je n'avais pas cinq ans.

Je ne veux pas raconter toutes les tortures, tous les viols… Je ne crois pas utile de vous livrer ces horreurs dans le détail.

Je vais seulement vous énumérer quelques faits de violence dont je me souviens avec une exactitude douloureuse… Ces faits se sont étalés dans le temps, sur plusieurs années.

Il m'a brulé la tête au second degré avec un sèche-cheveux, en me regardant dans les yeux alors que je pleurais et que mes cheveux grillaient littéralement sur ma tête. Ma mère a cru à l'accident… Comme pour les autres « accidents » : épaules déboitées, nez cassé, côtes fêlées (j'en souffre encore), mâchoire fêlée, brulure au fer à repasser sur la cuisse droite, brulures de cigarette entre les jambes, petites coupures avec un cutter sous les pieds (« elle a marché sur du verre cassé ! ») et entre les jambes. Coups de maillet sur les poignets (qui entrainaient des visites aux urgences et que je devais expliquer vaguement par un

« je suis tombée », ou « un chien a sauté sur moi dans l'escalier et je suis tombée à la renverse » … Je passais donc pour une enfant pas nette car de toute évidence : ce n'était pas possible…). Etouffements (avec les mains devant la bouche et le nez, ou un oreiller), strangulations (j'en perdais parfois connaissance). Simulation de noyade en me mettant le visage dans l'eau.

Et puis d'autres petites gentillesses dont il avait le secret. Par exemple me faire regarder et respirer sa merde… D'ailleurs une fois il a fait ça alors que j'étais bâillonnée, et qu'il avait éjaculé sur ma figure et dans mes yeux quelques minutes avant. J'ai eu envie de vomir, forcément impossible d'ouvrir la bouche, je me suis étouffée avec mon vomi qui ressortait par mes narines… Ou bien encore m'enfermer dans le placard, dans le noir, là où je savais qu'il y avait des cafards.

Il s'amusait aussi à me donner des coups avec des objets divers : règle, pantoufle, statuette en bois (qui représentait un homme tenant dans ses mains son propre sexe plus grand que lui) …

Il me donnait des coups de poing dans le ventre, au niveau du nombril, je tombais, il me relevait gentiment et recommençait, parfois plus de dix fois à la suite.

Il y avait les tortures psychologiques. Celles qui tuent à petit feu. Le chantage affectif. Les menaces de mort sur moi, mais surtout sur ma mère et mes frères. Les humiliations. Les critiques.

Puis il y avait les viols. Les « attouchements » sont rapidement devenus de véritables viols, des pénétrations avec des objets, ses doigts, puis … Inutile d'entrer dans les détails : il m'a fait subir tout ce qu'il est possible d'infliger sexuellement à une enfant esclave sexuelle. A plusieurs reprises j'ai eu des saignements, consécutifs à des déchirures, des coupures à cause des objets qu'il utilisait, des plaies vaginales mais aussi anales. Il m'était interdit d'en parler à qui que ce soit, je souffrais en silence, il me désinfectait parfois avec de l'alcool, ou du dakin, et une fois avec de l'eau oxygénée… Puis il appliquait du Mytosil… Pour que mes culottes ne soient pas tâchées, il y glissait du papier toilette ou un mouchoir en tissus qu'il utilisait ensuite pour se moucher… En plus des plaies, je souffrais de maux de ventre terribles, aujourd'hui je dirais que ça ressemblait à des contractions. Des spasmes qui duraient des heures. Une fois les douleurs étaient tellement embarrassantes que je n'ai pas réussi à les dissimuler, ma mère en a parlé au médecin, il m'a donné un traitement contre le ver solitaire…

A l'adolescence, les viols étaient devenus quasiment quotidiens. Dès que ma mère et mes frères dormaient, il venait dans ma chambre. Parfois même il entrait dans la salle de bain alors que ma mère et mes frères étaient devant la télé. De longues années se sont écoulées. J'étais une adolescente brisée, mon calvaire a cessé quand ma mère, ayant découvert ce qui se passait, a décidé de m'aider à partir de chez nous … Sans enquête, sans examen médical, sans aide financière ou alimentaire, sans justice. Et sans se soucier de mon état psychologique et physique. Quand je dis qu'elle a découvert ce qui m'est arrivé, je pense utile de préciser que c'est par le biais d'une voyante que ma mère prétend avoir su ce qui se passait *dans son dos*. Elle m'a demandé, j'ai confirmé. J'ai surtout confirmé que je voulais le tuer, ou m'enfuir, mais en finir.

Elle m'a donc permis de mettre fin aux supplices en choisissant de me faire partir. C'est-à-dire que du jour au lendemain, alors que j'étais psychologiquement anéantie, alors que je n'étais qu'une gamine en détresse, il a fallu que je devienne adulte et que je m'assume seule, sans y avoir été préparée.

Ce fut le début d'un autre calvaire qui a duré presque 20 ans…. Car il ne suffit pas de faire cesser les violences. Il faut se soigner, autant physiquement que psychologiquement. Il faut apprendre à vivre autrement, comprendre ce que l'on est, qui l'on est, ce que l'on a vécu. Apprendre à vivre avec ce passé en ne le laissant pas prendre trop de place dans le quotidien. Il faut faire le deuil de tout ce qu'on n'a jamais vécu, tout ce qui nous a été volé. Faire le deuil de l'enfance qu'on n'a pas eu. Et apprendre à devenir adulte, à trouver sa place dans la société.

Durant des années après ma libération, j'ai vécu en souffrance, dépressions, échecs, peur… On ne guérit pas d'une enfance torturée simplement parce qu'on le veut. Il faut du temps, de l'aide, du soutien. Tant qu'on ne l'a pas : on n'avance pas.

La terreur.

J'ai souvent entendu dire que j'aurais dû parler. Et oui, c'est vrai, j'aurais dû... Si seulement j'avais pu. Si seulement quelqu'un m'avait expliqué que j'avais le droit de le faire.

Lorsque je suis tombée dans les mains de ce monstre, j'étais déjà une enfant fragilisée. J'avais déjà connu l'abandon d'un père, la séparation d'avec ma mère, puis la séparation d'avec mes grands-parents... Je nourrissais un sentiment d'insécurité, j'avais peur de perdre à nouveau ma mère, de me trouver seule sans maison puisque mon foyer, chez mes grands-parents, n'était plus ma maison. Cet homme qu'il a fallu que j'appelle « papa » le savait. Il savait à quel point j'étais une enfant fragile. Il savait aussi que ma mère était une jeune femme crédule, avec un instinct maternel un peu défaillant. Ce n'était pas qu'elle manquait d'amour, mais cet amour était immature, avec une absence d'anticipation sur les conséquences et des valeurs un peu archaïques : il valait mieux un mauvais père que pas de père du tout.

Me manipuler a été facile, puisqu'il a su me tester, et même me mettre à l'épreuve devant ma mère sans qu'elle ne puisse s'en rendre compte.

Au début, ses menaces ne concernaient que moi. Il me menaçait de dire à ma mère que j'étais méchante, et donc de la laisser me mettre à la poubelle. Il s'est arrangé pour que je pense qu'il était mon sauveur, le seul en qui je puisse avoir confiance, le seul qui se soucie de moi. Evidemment j'y ai cru, du haut de mes quatre ans, j'y ai cru.

Puis quand il est devenu mon protecteur, il a pu gravir les échelons. Il est passé, de celui qui m'aimait et pouvait être doux, affectueux, patient et presque idéal, à celui qui pouvait faire mal. Lorsqu'il a commencé à me faire du mal physiquement, la douleur n'était pas mon plus gros souci. Je pensais « que va dire maman si elle sait ce que j'ai fait ». Pourtant, en réalité je n'avais rien fait de mal. Mais il avait réussi à me laisser penser que je méritais ce qui m'arrivait. Et pire, il avait réussi à me rendre honteuse d'être aussi mauvaise. Et j'avais honte de le décevoir, peur qu'il m'abandonne à mon sort : à la poubelle...

Comme n'importe quelle petite fille, je regardais ma mère avec des yeux émerveillés, elle était belle ma mère... De grands yeux bruns, un sourire magnifique... je l'aimais. Et il a commencé à me menacer de lui faire du mal. Il disait que si je ne lui obéissais pas, il la tuerait et me laisserait toute seule ensuite, que personne ne s'occuperait de moi et qu'on me mettrait dans un orphelinat avec les enfants dont personne ne veut.

Il me disait donc qu'il lui ferait du mal. Et il l'a fait. Ma mère était enceinte. Il l'a battue, à coups de poings, de pieds, il l'a soulevée de terre et l'a projetée sur le sol, elle a atterri la tête entre le mur et la cuvette des toilettes. Elle était en train de laver le sol quand c'est arrivé, il y avait de l'eau partout, ça glissait, je suis tombée à mon tour en courant pour la voir, il m'a attrapée et m'a poussée, je me suis cognée au mur. Il m'a regardée sans rien dire, avec son regard méchant, animal. Ma mère tenait son ventre... Il pouvait donc en effet lui faire du mal.

J'avais peur pour ma mère. Mais ça ne lui suffisait pas. Il a trouvé un moyen supplémentaire de me tourmenter. Plus le ventre de ma mère s'arrondissait, plus il me menaçait de mettre le bébé à la poubelle si je n'étais pas sage... Quand personne n'était témoin, il me faisait subir des atrocités en collant sa main sur ma bouche pour qu'aucun son n'en sorte, et quand il avait terminé il me regardait en disant très distinctement : n'oublie pas que si tu te plains, si tu racontes ce que l'*on* fait, alors le bébé ira à la poubelle et maman mourra. Mais il était tellement vicieux, que même devant ma mère ou des étrangers, il me disait « ah oui tu vas être sage, tu le sais que si tu n'es pas sage on va mettre le bébé au vide-ordure ». J'étais mortifiée. Les adultes riaient. Ils ne savaient pas que pour moi, c'était vrai.

Le bébé est né. Un magnifique petit bonhomme, un peu agité, nerveux. Je le regardais comme on regarderait un miracle. Il était là, vivant, mon petit frère, et il fallait le protéger.

Cet enfant-là a été mon premier bébé. Comprenez par-là que je l'aimais tant, que je serais morte pour lui sans aucune hésitation. Quand je le voyais dans les bras de ma mère, je voyais le bonheur, et ma mère était souriante, elle le portait comme un trophée, une victoire. Alors peu m'importait de souffrir, tant qu'ils étaient là, en bonne santé. Mais je vivais dans l'angoisse que « papa » lui fasse du mal. Je me souviens que nous avons déménagé pour un appartement où nous partagions la même chambre, et je le prenais de son lit pour le faire dormir à côté de moi. Je voulais le surveiller, le bercer, le protéger. Je me suis faite disputer de nombreuses fois par ma mère qui ne comprenait pas que je fasse ça, et qui trouvait ça dangereux. Mon petit frère avait l'air d'apprécier, et en grandissant c'est lui qui se mettait debout et tendait les bras pour que je le prenne… Ce petit frère a été un rayon de soleil, une raison de vivre malgré la douleur, la peur. Son visage tout rond, ses grands yeux curieux et son sourire étaient le pansement de mes plaies. Sa petite voix quand il m'appelait « Vivine » en tendant les bras, ça me réchauffait de l'intérieur, ça faisait disparaître les douleurs.

Mais la peur tenaillait bel et bien. Et elle grandissait. J'étais une enfant comme les autres en apparences. Je jouais avec les petits voisins, nous construisions des cabanes entre les arbres devant les immeubles, physiquement j'étais assez casse-cou, je grimpais, sautais, j'aimais faire des acrobaties. J'aimais aller avec « pépé », le père du monstre, à la pêche ou balader en forêt, ramasser des champignons ou des fruits des bois. C'était un homme colérique, mais bon, et attentionné, en tout cas avec moi. Je crois qu'il s'est douté qu'il pouvait m'arriver quelque chose, parce qu'un jour il m'a posé des questions sur ma vie avec « papa ». Il me demandait s'il était toujours gentil avec moi, s'il ne me faisait pas des misères. Evidemment, ça peut sembler anodin, mais je me souviens qu'il avait attendu que nous soyons seul, dans le jardin à ramasser de la rhubarbe pour me poser des questions, et il avait insisté. Je n'ai pas osé lui dire.

En vérité, j'avoue honteusement que je ne savais pas si je pouvais lui faire confiance. Et j'avais simplement peur de ce qui pouvait m'arriver... Je savais que parler me mettrait en danger, et pire mettrait en danger ma mère et mon frère. Alors j'ai continué comme ça à avoir l'air normal. Mais souvent, j'avais envie de pleurer, subitement, comme un trop plein. J'avais mal, et dans ces moments-là, je n'arrivais pas à être gentille avec les autres enfants. Il m'est arrivé de faire de vilains coups à des gamines, comme de les emmener marcher dans les orties pour qu'elles se piquent les jambes ou de les aider à tomber. C'était plus fort que moi. Je pense que je les jalousais sans comprendre pourquoi. Je pense aussi que je voulais les tester, et voir comment elles réagiraient à la douleur. Les voir pleurer me dégoutait, je les méprisais. Et quand elles n'osaient pas se plaindre, je les méprisais encore plus...

J'avais un petit chien, il s'appelait « Dollar », c'était un jeune bâtard plein de vie auquel je m'étais beaucoup attachée. Un jour il a disparu. J'étais peinée, c'était mon petit chien, comme tous les enfants du monde je tenais à mon chien... Les jours passaient, et il ne revenait pas. Alors « papa » m'a emmenée près du canal, nous avons marché un moment, puis il m'a montré une corde qui était plantée dans le sol avec un gros crochet. Je ne voyais pas le bout de la corde qui était dans l'eau. Il m'a dit qu'il voulait être certain que je savais qu'il fallait vraiment que je ne dise rien. Il m'a dit qu'il m'aimait de toutes ses forces, et qu'il voulait que je reste avec lui pour toujours, mais qu'il était obligé de me faire parfois du mal parce que j'étais

« mauvaise », et que pour que je sois une bonne fille il fallait que j'apprenne, et que j'obéisse... Je me souviens que je ne comprenais pas du tout où il voulait en venir, mais je commençais à avoir peur. Je reconnaissais ce ton qu'il prenait généralement avant de me mettre à l'épreuve. Il disait que ma mère était fatiguée de moi, et que maintenant, avec mon petit frère on avait plus besoin de moi. Qu'il fallait donc que je fasse bien attention d'être gentille, sinon... Il a avancé près de l'eau et a tiré la corde, en faisant ça il a dit « tu veux savoir où est ton chien ? » ... Il a sorti de l'eau une masse informe, je crois que c'était un sac à pommes de terre, en toile de jute et dedans il y avait mon chien, et une brique. J'ai crié, j'ai pleuré... Il m'a montré un peu plus loin dans l'herbe une brique et une autre corde et il a dit : ça c'est pour toi. J'ai supplié. J'avais l'impression que mon cœur allait exploser dans ma poitrine, ma tête me faisait mal, et pendant que je pleurais, il commençait à attacher la corde autour de mon cou... Il a fait durer le plaisir jusqu'à ce que je n'arrive plus à respirer tellement j'avais peur. Puis il a retiré la corde, l'a jetée dans l'eau avec la brique. Il a remis mon chien dans l'eau, a détaché le crochet et a jeté la corde et le crochet dans l'eau. Il m'a prise dans ses bras, m'a consolée, en me disant que ce ne serait pas cette fois ci, il voyait que j'avais compris. Il a séché mes larmes, et il m'a portée un moment en continuant la balade comme si rien ne s'était passé... Je me souviens que machinalement, je m'accrochais à lui en fixant l'eau...

Et puis il y eu mes lapins. Deux lapins blancs. J'étais contente, il m'avait dit que c'était pour moi, que je pouvais les nourrir, m'en occuper. J'ai cru que c'était vrai. Un jour il m'a dit que je devais être punie, parce que j'avais été vraiment sale. Je ne comprenais pas. Le soir, il y avait des invités chez nous, et il m'a envoyée me laver. Je suis allée dans la salle de bain, me suis lavée, ai mis mon pyjama puis je suis retournée dans le séjour pour dire bonne nuit. Et là, il a dit que je sentais la petite fille négligée, et qu'il croyait que j'avais fait semblant de me laver. Tout le monde s'est moqué de moi. Il m'a emmenée dans la salle de bain pour s'assurer que je ne fasse pas semblant. Et là il m'a dit : tu sais que je vais devoir te punir. Je vais être obligée de tuer quelqu'un. Il a laissé passer quelques jours, sans me toucher, sans me menacer, mais en me lançant des regards qui me terrifiaient. Puis, un jour en rentrant de l'école, la porte de la salle de bain était ouverte, il y avait du sang sur le lavabo. Il m'a regardé, silencieux. Un peu plus tard il est venu me dire « cette fois j'ai tué ta saloperie de rongeur de merde, mais la prochaine fois, ce sera ta mère ».

Il a fallu que je mange du lapin. Ma mère insistait pour que je goûte, elle ne comprenait pas le dégoût que je manifestais. Elle ne savait pas...

Aujourd'hui je sais qu'il n'a jamais eu l'intention de m'offrir ces lapins comme animaux de compagnie. Ils étaient là pour finir dans nos assiettes. Mais il s'est servi d'eux pour me faire peur.

Les années ont passé lentement, très lentement. Un second petit frère est arrivé, nous avons déménagé pour Marseille.

Notre isolement géographique est devenu un véritable isolement familial, affectif. Tant que nous étions dans le Nord, nous voyions régulièrement mes grands-parents, oncles et tantes. Avec le recul, j'ai compris que si nous étions restés, tôt ou tard ma grand-mère aurait compris. J'étais une parfaite marionnette pour mon bourreau, mais au fur et à mesure que les années passaient, je devenais différente de la plupart des enfants, de l'enfant que j'étais à l'origine. Je suis persuadée que ma grand-mère aurait remarqué ça, et qu'elle aurait réagi. Evidemment, on peut se demander pourquoi elle ne s'est pas posée de questions à la suite de mes « accidents », mais j'avoue ne plus savoir si elle était au courant à chaque fois. Et de toute façon, les explications avancées ne faisaient même pas sourciller les urgentistes… Ma mère continue de prétendre qu'il était simplement très maladroit.

Alors une fois que nous sommes arrivés à Marseille, je suis devenue une victime encore plus seule, encore plus isolée. Je grandissais, j'étais une bonne élève, une enfant calme, intelligente, discrète, gentille. Et le soir, je fixais la porte de ma chambre, je savais qu'il allait entrer dès que ma mère dormirait…

La terreur est différente en fonction de ce que l'on comprend, ou pas. De ce dont on a conscience, ou pas.

Au départ donc, j'avais peur d'être seule, d'être abandonnée, puis j'ai eu peur d'avoir mal, ensuite j'ai eu peur qu'il fasse du mal à ma mère, puis mes frères… Si je me demandais plus ou moins si ma condition était anormale parce que j'avais mal, je n'en étais pas certaine. Je veux dire que finalement, les choses étaient telles que je ne me posais pas la question de la normalité. Il me disait que ce qu'il me faisait était normal, puisque j'étais une mauvaise enfant dont personne ne voulait. C'était facile de m'en convaincre, puisqu'en effet, mon père ne se manifestait pas, ma grand-mère me laissait vivre avec lui, ma mère était effectivement plus occupée par mon petit frère que par moi, donc oui, on ne voulait pas de moi... Lui seul voulait que je sois en vie. Quand le deuxième bébé est arrivé, ma mère a été encore plus occupée... Plus fatiguée aussi. Donc plus distante.

La peur à cet âge-là n'est pas raisonnée, elle est instinctive. Je voulais me protéger, protéger ceux que j'aimais. Je ne comprenais pas ce qui m'arrivait parce que quand on est môme on n'a aucune notion de sexualité. Le bien, ou le mal, sont des enseignements offerts par nos parents. Lui je l'appelais « papa ». Il était l'autorité, le modèle. Comment aurais-je pu deviner que cette autorité était mauvaise ? Comment dire « non » à son père ? Il était bel et bien devenu mon père, le seul présent, le seul qui regarde mes devoirs, me fasse terminer mon assiette, m'apprenne à devenir grande... Il avait forcément raison. J'avais peur de le décevoir, de le mettre en colère, et donc de mériter ce qui m'arrivait. Tant de gens l'admiraient, le trouvaient formidable. Et ma mère me demandait de lui obéir, donc c'est que je devais bel et bien lui obéir. Comment aurais-je pu deviner jusqu'à quel point ?

Puis la conscience se développe. En grandissant, on prend conscience de son corps, on comprend ce que les grands disent. On commence à comprendre ce que signifie l'expression « relations sexuelles », on apprend ce que signifie le mot « viol » … A douze ans j'ai pris conscience de qui m'arrivait. J'ai compris que ça n'avait rien de normal.

Un jour, ma mère était partie faire des courses avec mes frères. Il m'a demandé de me déshabiller, et j'ai refusé. Furibond, il m'a attrapée par le bras, m'a poussée sur mon lit et m'a dit « tu fais ce que je dis ! ». J'ai répondu « non, je ne veux pas, je sais que t'as pas le droit de me faire ça, tu me violes ! ». Il a demandé « et alors ? ».

J'ai dit que j'allais le dire. Je ne savais pas à qui, ni comment, mais je voulais le dire. Je voulais que ça s'arrête.

Alors il s'est assis sur mon lit, et m'a expliqué que personne ne me croirait. Que je passerais seulement pour une menteuse, parce que personne ne m'avait jamais entendue appeler au secours, et que donc c'est ce que je voulais autant que lui : que nous ayons des relations sexuelles… Il a dit que si je racontais ça, ma mère me mettrait dehors, qu'elle aurait honte de moi. Il a dit que tout le monde m'en voudrait, à moi. Et pour finir, il a rajouté que si par malheur quelqu'un osait croire ce que je racontais, alors il tuerait ma mère, mes frères, et se tuerait ensuite pour ne pas aller en prison… Puis il m'a déshabillée, comme je continuais de dire « non », il a appuyé mon oreiller sur ma figure, il m'a violée, il m'étouffait, j'ai perdu connaissance…

Quand je suis revenue à moi, il était en train de me secouer pour que je me réveille, je suffoquais, alors il est allé chercher un verre d'eau, m'a enveloppée dans mon drap et s'est mis à pleurer en disant que je ne comprenais pas, qu'il m'aimait plus que tout et qu'il ne supportait pas que je le rejette... Il caressait mes cheveux en suppliant de ne pas l'abandonner, il disait « ma petite fille, tu peux pas me faire ça, tu peux pas me laisser, je t'aime, je t'aime ». J'étais tellement secouée, je ne comprenais rien. Et il a dit « je ne te viole pas, tu es folle de penser ça ! Je te fais l'amour parce que je t'aime » ... J'étais en colère, j'avais mal, la tête me tournait, il puait, ses larmes sur ma peau me dégoutaient... Et là il m'a suppliée : « dis-moi que tu m'aimes, je t'en supplie, dis-moi que tu m'aimes, je sais pas de quoi je serais capable si tu m'aimais plus » ... J'avais douze ans. Je ne l'aimais pas. Je le haïssais, je souhaitais sa mort. J'avais peur, j'étais fatiguée, je ne comprenais plus rien, mais j'avais bien entendu « je ne sais pas de quoi je serais capable » ... Alors pour qu'il me laisse me rhabiller, pour qu'il me lâche et arrête de pleurer sur ma peau encore sale de lui, j'ai dit « oui, je t'aime », il a rajouté « tu promets que tu es désolée, tu ne me feras plus de mal avec des accusations ignobles ? » ... J'ai promis. Je sais que j'avais douze ans parce que j'étais en cinquième, et mes résultats ont commencé à chuter, j'ai commencé à m'isoler du reste du monde.

A partir de ce jour-là, j'ai vécu dans la peur que l'on découvre ce que j'étais : un monstre. J'ai même commencé à douter de moi, à me dire qu'en effet il m'aimait et que j'étais indigne, méchante.

J'étais partagée entre la colère, la honte, la culpabilité, l'envie de tout dire et que tout s'arrête quitte à ce que tout le monde meure, et le besoin de me cacher, d'avoir l'air normale, et de survivre en espérant qu'il mourrait d'un accident. Je me suis mise à prier Dieu, à le supplier de m'aider. Puis, comme il ne me répondait pas, je me suis mise à invoquer le Diable et vouloir pactiser avec lui pour qu'il me libère. Bref, j'ai commencé à devenir folle, sans le savoir, à petit feu, je devenais quelque chose qui n'était pas moi.

Quand je parle de peur, c'est en réalité bien pire que ça. Quand on vit avec le sentiment permanent de ne pas être en sécurité, avec l'obligation de dissimuler ce que l'on est, ce que l'on souffre, ce que l'on vit au sein même du foyer qui devrait nous protéger, nous aider à grandir, nous rassurer, alors plus rien n'est normal. Je n'étais pas normale. Et j'ignorais ce qui l'était. Je ne savais pas du tout à qui parler, en qui avoir confiance.

Ma mère était faible, elle était sa marionnette autant que moi, sauf qu'elle aurait pu se révolter et nous emmener, parce qu'elle était adulte, que c'était une maman, et qu'elle aurait dû protéger ses enfants de cet individu qui nous faisait mener une vie d'enfer : il la battait si violemment que parfois elle dormait deux jours entiers en prenant des médicaments, il buvait facilement un litre de pastis en deux jours, affalé sur le canapé, nous imposant son odeur de crasse et le spectacle de sa viande étalée.

Il exigeait qu'on le serve. Il exigeait le silence. Il exigeait qu'on aime ce qu'il aimait et qu'on approuve tout ce qu'il disait ou faisait. Quand ma mère essayait de donner un avis différent du sien, il la traitait de conasse, et si elle insistait, il l'insultait de plus belle et la battait. Il fallait vivre dans cette ambiance sordide, il fallait sauvegarder les apparences à l'extérieur, sauvegarder les apparences auprès des voisins, sauvegarder les apparences auprès de la famille.

Pour sauvegarder les apparences, je faisais de mon mieux. Mais les élèves de ma classe se moquaient de moi, parce que j'étais bizarre. Je ne savais pas m'intégrer. J'avais du mal à me concentrer en cours, je ne faisais que penser aux moyens de fuir. Je ne ressemblais pas aux autres ados dont les principales préoccupations étaient la mode, les derniers tubes du top 50, et les petits potins... Alors je faisais semblant. Mais je le faisais mal, ça ne marchait pas. Je mentais, je m'inventais des loisirs extrascolaires, des amis qu'ils ne connaissaient pas, une famille tellement géniale que je préférais passer mon temps avec elle plutôt que de sortir avec eux... Mais les ados sont cruels. Plus j'essayais de me trouver une place dans leur monde, plus ils m'en éjectaient violemment... Mes résultats scolaires ont commencé à baisser singulièrement, et de ça aussi, j'ai commencé à avoir honte. Il fallait donc que je cache mes résultats, je ne voulais pas lui donner une raison de plus de m'humilier. Et de toute façon, quelle importance pouvait avoir les résultats scolaires ? Je n'imaginais pas vivre assez longtemps pour faire des études, exercer un métier. Alors... A quoi bon ?

J'ai commencé comme ça à entrer dans une ère de solitude insupportable tellement elle était extrême. J'ai commencé à vivre avec la peur de devoir continuer à vivre comme ça. Avoir peur de vivre… Mais également avoir peur de ne plus être là pour protéger mes frères, ma mère… Comment les laisser avec lui ? Comment mourir d'ailleurs ?

J'avais peur de tout. Mais j'avais surtout peur de lui, je savais toujours ce qui m'attendait, mais même quand on s'y attend, le pire fait mal.

Une après-midi pendant les vacances de Pâques, je regardais le film « Jésus de Nazareth » avec l'acteur Robert Powell. J'ai senti quelque chose couler dans ma culotte. Je suis vite allée aux toilettes. J'avais mes règles pour la première fois. Ma mère n'était pas là. Je me doutais vaguement de ce que c'était, mais je n'étais pas sûre, et je ne voulais surtout pas lui montrer à lui… Je suis restée dans les toilettes jusqu'à ce que ma mère revienne. J'aurais voulu qu'elle ne dise rien, mais elle a annoncé fièrement que j'avais mes règles. Mon petit frère qui ne savait pas de quoi elle parlait m'a regardé avec un air à la fois perplexe et taquin et il s'est écrié avec son accent marseillais « t'as tes règles ? Régleuse… ». J'avais douze ans et demi. Et là, j'ai commencé à avoir peur d'être enceinte, même si j'ignorais comment une grossesse arrive, je savais que les règles y étaient liées. J'ai d'ailleurs cru que je l'étais peut-être et que j'aurais un bébé monstrueux. J'ai fait des cauchemars à ce sujet, je regardais mon ventre en surveillant qu'il ne grossisse pas. Et puis D a dit que je ne « risquais rien », il m'a expliqué qu'il faisait ce qu'il fallait : il éjaculait dans un mouchoir… C'était à moi de nettoyer ses mouchoirs, à la main avec du savon.

La peur c'était aussi qu'il découvre que j'essayais d'être normale à l'extérieur. J'ai eu un petit copain. Ce n'était pas bien sérieux, il avait quinze ans, j'en avais treize, il venait me chercher en bas de chez moi et on allait ensemble au collège. Quand on n'avait pas cours, il venait me chercher pour aller faire un tour avec d'autres copains et copines à lui. Je me sentais bien, j'existais. Et là, avec eux, je n'étais pas un monstre. On me parlait de musique, et de choses que je ne connaissais pas, on me traitait normalement. Hervé (son petit nom), était un môme adorable, doux, intelligent. Mais un môme. Il m'embrassait maladroitement sur la bouche pour me dire au-revoir, et il ne voyait là rien de grave, rien qui puisse justifier d'être menacé… Mais mon « papa », lui, a considéré que je faisais la pute. Il a estimé que je le trompais avec « une petite merde blondasse qui n'a pas encore de couilles au cul ». Et il m'a menacée : de « lui ouvrir le ventre », mais d'abord il « l'enculerait et ensuite me baiserait devant lui pour bien lui montrer ce que c'est qu'un homme » … Alors j'ai eu peur qu'il lui fasse du mal. Il m'a laissé deux jours pour mettre un terme « à cette saloperie de romance de merde ». J'ai obéi. Je suis allé voir Hervé et je lui ai balbutié des excuses qui ne tenaient pas debout, je ne sais même plus ce que j'ai dit. J'étais ridicule, et surtout honteuse. Il me regardait avec des yeux ronds. Et je suis redevenue la fille bizarre. Celle dont on se moque, celle qu'on exclut.

J'avais compris que je n'avais droit à aucune forme de vie autre que celle qu'il décidait pour moi. Cette vie-là je n'en voulais pas. Plus les jours passaient, plus j'avais peur du lendemain. J'avais peur que ça dure encore, sans rien pouvoir faire. Je n'imaginais aucun avenir. Les enfants font des rêves : devenir grand, exercer tel ou tel métier, se marier, avoir des enfants… Je ne rêvais pas. Je ne voulais pas devenir grande. Je ne pensais même pas ça possible. Je voulais seulement que tout s'arrête. J'avais peur de vivre.

Le jour où j'ai pu sortir de cet enfer, j'ai cru que je n'avais plus à avoir peur. Je me suis crue libre.

Je me trompais. La peur reste, elle me colle à la peau. J'ai quarante-et-un an au moment où j'écris ces lignes. Il y a encore sept ans, je ne savais pas m'endormir sereinement, je fixais la porte de la chambre en ayant peur qu'il soit derrière. J'ai peur constamment qu'il arrive quelque chose à mes enfants, à mon mari. Je fais encore des cauchemars… Je me dis parfois que c'est stupide, que je vais bien, et qu'il ne me fera plus de mal. Mais quand je m'endors, j'ai cinq ans, et il est là…

La peur c'est la nuit. A mon âge il m'arrive de rêver que je vis toujours dans cet appartement à Marseille, avec mes enfants, et que je vis encore avec D et ma mère. Que ce sont eux qui décident de tout pour mes enfants et leur font du mal. Que je vis dans le corps d'une gamine de douze ans alors que je me sais maman des enfants autour de moi. Que je subis les mêmes violences en priant pour qu'il ne fasse pas de mal à mes enfants.

Que je n'ai aucun avenir possible : ni travail, ni logement à moi, ni rien… Que quoi que je fasse D est là, à me surveiller, à décider de tout, pendant que ma mère acquiesce à tout ce qu'il dit. Que je cherche désespérément quelqu'un à qui parler, quelqu'un pour m'aider. Et je vois mes enfants, enfermés dans cet appartement qui refuse de sortir de cette époque maudite, où les fenêtres et la porte sont fermées à double tour, où rien de l'extérieur ne peut entrer, et d'où il m'est impossible de m'enfuir avec mes enfants. C'est une torture de devoir revivre ça pendant la nuit. J'ai parfois peur de m'endormir, parce que je redoute de devoir affronter ces images, ces odeurs, le visage monstrueux de D, ses mains, la passivité de ma mère et le désespoir. Il m'arrive de me réveiller en sursaut et pendant quelques secondes je ne sais plus vraiment où et quand je me trouve.

Je vis aussi avec une angoisse profonde. Depuis que j'ai travaillé à l'accompagnement de personnes atteintes de la maladie d'Alzheimer, je sais que ces personnes régressent parfois jusqu'à un moment marquant de leur vie, de leur enfance. Mon grand-père avait cette maladie. Depuis plusieurs mois, je souffre de troubles de la mémoire et de la concentration. Mémoire immédiate ou « de travail ». Et j'ai peur. Parce que si par malheur je venais à souffrir de cette maladie, il y a des chances pour que je me retrouve coincée à une époque de ma vie qui relève de l'insoutenable. J'ai peur d'être condamnée à mourir enfermée dans le souvenir immonde de ces tortures, de ces viols, de cette détresse psychologique, de cette détresse affective… Je ne veux pas redevenir cette petite fille de cinq ans qui demandait « pardon » à son bourreau.

Expliquer cela pourrait me faire ressembler à une folle, une personne qui n'arrive pas à aller de l'avant. Pourtant, c'est parce que je suis allée de l'avant que je peux aujourd'hui dire que j'aime ma vie, mon mari, mes enfants. J'ai une jolie vie. Quelle horreur, quel supplice de me dire que cette vie-là pourrait disparaitre au profit de celle qui m'a tant fait souffrir.

La peur est un sentiment qu'il est difficile de maitriser. C'est un sentiment violent, viscéral. Je ne me souviens pas avoir vécu une période de ma vie sans éprouver de la peur. Mais peut-être aussi est-ce pour cette raison que je suis toujours debout, que je n'ai jamais cessé de lutter contre la douleur et le souvenir. Peut-être aussi est-ce cette peur qui me pousse à écrire mon histoire, mettre des mots sur les souvenirs, les sensations, les difficultés, c'est peut-être me permettre de penser que si je perds la tête, les miens sauront qui j'étais.

Ce que j'ai vécu a fait de moi ce que je suis, si je le cache, si on ne « me » voit pas, alors qui suis-je ?

La honte.

Avoir honte ça peut être une véritable torture psychologique. En ce qui me concerne, c'est encore parfois le cas.

Ma honte a d'abord été de n'être pas assez bien pour qu'on m'aime. Comme D (je le nommerai maintenant ainsi plutôt que « papa », vous comprendrez sans doute que cette appellation est une insulte à tous les pères dignes de ce nom), donc, comme il me répétait inlassablement que mon père n'avait pas voulu de moi parce que j'étais moche, j'avais honte d'être moche. Ma mère me disait que mon père avait été déçu que je sois une fille, alors j'avais honte d'être une fille. D me disait que ma mère ne m'aimait pas parce que je ressemblais à mon père, alors j'avais honte de ressembler à ce père, qui de plus m'était dépeint comme un moins que rien. La mère de D m'a un jour expliqué que comme je n'avais pas de vrai papa, j'étais une bâtarde, alors de ça aussi j'ai eu honte… On me disait grosse, j'avais honte d'être cette « petite boulotte ». On me disait « bébête », j'avais honte de décevoir. On disait que j'avais une voix insupportable, j'avais honte et j'essayais de parler avec une voix plus grave. J'ai une tache sur la joue, un naevus. Les gamins disaient que j'avais du caca sur la figure, des années durant j'ai eu honte d'être sale.

J'avais honte d'être l'enfant que j'étais. Alors j'essayais de plaire, de me corriger. Mais personne ne me félicitait.

A l'école, j'avais très mal commencé. Dernière de la classe, dissipée… En fait j'étais contente d'être là, mais je voulais en profiter pour faire ce dont j'avais envie. L'instituteur en a eu ras-le-bol, alors il m'a installée au fond de la classe, face au mur. Je me suis sentie rejetée, humiliée. Mais cette honte-là m'a permis de me motiver. Sur le bulletin suivant j'étais septième, puis deuxième, puis j'ai atteint la première place pour ne plus la lâcher. Une victoire qui s'est retournée contre moi car comme j'étais une excellente élève, tout le monde considérait que j'allais bien. Et si par malheur mes résultats chutaient, je devenais l'objet de réprimandes, de menaces et de moqueries… Honte encore.

Un jour, ma mère était sortie avec des lunettes de soleil pour m'accompagner à l'école, ses lunettes masquaient l'hématome que D lui avait imprimé au poing. Sa lèvre était aussi abîmée. J'étais gênée, je savais que maman avait pleuré, et qu'elle avait mal. Et quand elle est partie, un gamin est venu me dire que ma mère avait la tête au carré, et que sa mère à lui avait dit que c'est parce que mon père était un alcoolique. J'ai eu honte, je n'ai pas su quoi répondre…

Je vivais avec la honte de n'être qu'une enfant dont personne ne voulait vraiment, une enfant imparfaite, qui n'était cause que de déceptions et de tracas.

Cette honte-là, je pense que beaucoup d'enfants la connaissent, parce qu'il existe de nombreux parents défaillants, et un enfant est sensible à ce qu'on lui dit, surtout quand on lui répète souvent.

Mais en grandissant, la honte s'épanouit.

Quand j'ai pris conscience de ce que je vivais, j'ai eu honte d'être ce monstre dont tout le monde voudrait se débarrasser. J'aurais voulu me gommer du paysage, me faire disparaître, me réparer, faire n'importe quoi mais surtout ne pas être ce que j'étais.

J'avais honte devant ma mère, je savais que je lui mentais, et j'étais incapable de trouver un moyen de nous sortir de là. J'avais honte devant mes frères, parce qu'ils ne méritaient pas d'avoir une grande sœur aussi minable. J'avais honte devant ma grand-mère, car elle m'avait appris qu'il ne faut pas mentir. J'avais honte devant les étrangers, parce que je n'étais pas de leur monde et que j'avais le sentiment que tout le monde se moquait de moi. J'ai eu honte d'être la première de la classe, celle qui est dispensée de punition collective parce que son père interdit que sa fille chérie soit traitée comme les autres... J'ai eu honte, quand à la sortie d'une réunion parents-profs, ma professeure de français m'a dit devant D que je devais être fière d'avoir un papa aussi formidable, et que je lui ressemblais... J'ai eu honte à chaque fois que j'ai eu à regarder quelqu'un en face.

J'ai eu honte d'avoir si peu de courage pour me suicider. J'ai eu honte d'avoir envie de mourir et d'abandonner ma mère et mes frères avec la certitude qu'il leur ferait du mal.

J'ai eu honte quand j'ai été obligée de visionner les ébats de ma mère avec D qu'ils avaient filmés au caméscope... Je ne sais pas pourquoi c'est moi qui ai eu honte de ça.

J'ai eu honte quand D se déguisait en soubrette pour me violer.

J'ai eu honte à chaque fois qu'il a pleuré en me suppliant de l'aimer. Honte à chaque fois qu'il battait ma mère.

Honte à chaque fois que je devais passer par la salle de bain pour effacer ses traces sur moi. Honte ...

J'ai eu honte d'avoir mes règles.

J'ai eu honte quand ma mère m'a emmenée acheter mon premier soutien-gorge.

J'ai eu honte d'avoir fugué. Puis j'ai eu honte d'être revenue, de ne pas avoir eu le courage de disparaître vraiment.

J'ai eu honte tout le temps, toute ma vie, d'être cette créature souillée parce que trop vilaine, trop méchante, trop inutile, trop bête...

Quand ma mère a fini par savoir ce qui m'est arrivé, je me suis sentie tellement minable... Elle me posait des questions sur ce qu'il m'avait fait, comment... La question du « depuis quand » est venue loin derrière les autres, mais je n'ai pas pu lui dire... Depuis quand ? Depuis toujours maman... Avais-je le droit de lui dire ? J'avais honte de lui faire tant de mal. J'ai eu honte d'avoir « su » garder le silence si longtemps.

J'ai eu honte ensuite, quand enfin libérée je n'avais rien, ni personne sur qui compter. Comment dire aux gens normaux ce que j'avais vécu ? Comment expliquer ce que j'ai subi ? Comment justifier mon silence ? Comment avoir l'air normale avec un tel passé ? Comment parler sans avoir l'air de me plaindre ?

A vrai dire on ne peut pas.

Ma vie de jeune adulte a commencé dans le mensonge. Je disais que j'étais orpheline, je racontais n'importe quoi pourvu que ce ne soit pas ma vraie vie. Je n'étais personne. Je m'adaptais aux situations, aux gens. J'étais un caméléon, et j'étais bien entraînée, je faisais ça depuis mes quatre ans...

Mais forcément, quand on ment, on éveille les soupçons. Il y a toujours une faille. Ceux qui me fréquentaient régulièrement se doutaient que je cachais quelque chose. Il m'a fallu du temps pour commencer à me raconter.

Mais je ne parvenais pas à aller au bout. Tout dire, raconter l'innommable et risquer d'être de nouveau abandonnée de tous ?

Des années de silence, de douleurs, et de solitude toujours...

Aujourd'hui, je reste une personne très complexée. Je n'ai jamais réussi à « me plaire », je ne sais pas sortir sans me maquiller, parce que j'ai besoin de cacher ce que je suis. Montrer mon visage, avec ses petites cicatrices (que je suis sans doute seule à voir), ses cernes, livrer mon regard sans le farder, c'est comme si je devais me mettre nue. Je ne peux pas. Et j'ai envie de pleurer quand, comme il y a peu, quelqu'un me dit « tu souris, tu es pleine de vie mais dans tes yeux y'a du malheur ». J'ai honte de ce malheur qui persiste dans mes yeux.

Si je ne me sens plus monstrueuse aujourd'hui, je me sens encore fragile, vulnérable. Je supporte mal l'échec car il me renvoie en pleine figure que je ne suis « pas capable de ». J'ai honte de ne pas avoir fait d'études. J'aurais tellement adoré faire de longues études, avoir un beau métier et pouvoir en être fière. J'ai honte quand on me demande quelle école j'ai fréquenté, quels sont mes diplômes, parce que je décèle toujours à la fois surprise et déception dans le regard de mes interlocuteurs.

J'ai honte d'être issue d'une famille aussi bancale, et depuis peu, j'ai honte de ma mère. Il m'a fallu atteindre l'âge de quarante-et-un ans pour m'apercevoir que ma mère se fichait de mon sort et que sa principale préoccupation est de sauvegarder les apparences de sa vie actuelle, confortable et passe-partout… J'ai honte parce que c'est ma mère, et je la veux différente de ça. Ma mère à moi est une femme qui ne m'a pas assumée. Qui n'a pas voulu accepter ma vérité. Qui suis-je si ma mère me regarde au travers du déni ? Qui suis-je si ma mère a honte de ce que je suis ?

Honte de comprendre que j'ai gardé le silence, et que D coulent des jours paisibles aux crochets de la société sans jamais avoir été inquiété par la justice, parce que ma mère ne voulait pas être salie par cette « histoire », parce qu'il fallait protéger mes frères. Qui m'a protégée moi ?

J'ai honte d'avoir été montrée du doigt dans cette famille que j'aimais, comme si j'étais LA folle, malade, menteuse… J'ai honte de devoir affronter un jour le regard de mes enfants quand ils comprendront quelle enfant j'ai été, et que je n'ai rien fait pour punir un homme qui a violé et torturé cette enfant-là. Je n'ai rien fait.

J'ai eu tellement honte de me sentir aussi peu de choses pour mon père. Il ne m'a jamais montré le moindre signe de fierté, jamais je n'ai eu le sentiment qu'il était fier de dire de moi « ma fille ». Mais je sentais que je le décevais, que dans ses yeux je n'étais pas celle qu'il attendait. Je sais aujourd'hui que j'ai tellement voulu lui plaire que je sonnais faux, mais pourquoi ne l'a-t-il pas senti ? J'ai honte que mon père pense de moi que je ne suis « que la fille de ma mère ».

Et en ce moment, j'ai honte parce que je sais que ma mère aura mal quand elle saura ce que j'ai osé mettre à jour. Je ne veux pas lui faire de mal, et d'une certaine manière j'en suis désolée. Mais je ne veux pas me taire, de ça, je n'ai pas honte. Parce que la personne que je suis devenue : j'en suis fière. Je suis loin d'être parfaite, mais je suis moi, entière, j'assume ce que je suis et ce que j'ai été.

La culpabilité.

Pour dénoncer, il faut avoir conscience de ce que l'autre nous fait. Il faut comprendre que c'est bel et bien lui qui est coupable et que l'on est victime. Mais ce sentiment, cette conscience-là ne vient pas tout de suite.

Comme je l'ai expliqué plus haut, D savait me manipuler en me faisant croire que personne ne voulait de moi parce que je n'étais pas une bonne enfant.

J'avais donc la conviction de mériter d'être punie, d'avoir mal, donc je ne devais pas me plaindre. Et me plaindre à qui ? A ma mère dont j'étais persuadée d'être le boulet ?

Quand on est môme et qu'on ne comprend pas, quand on souffre à la fois physiquement, psychologiquement, affectivement, on se sent simplement coupable d'exister. Un enfant qui se sent coupable possède un seuil de tolérance à la douleur exceptionnel... Et c'est un cercle vicieux : la honte entraîne la culpabilité, qui entraîne la honte, et ainsi de suite. On n'en sort pas.

Ne pas se sortir de ce sentiment, c'est se condamner à la prison. On est enfermé dans un raisonnement qui fait mal, qui torture. Et plus l'on se sent coupable, moins on est objectif quant à la véritable culpabilité de son bourreau.

C'est aussi ce qui fait que l'on se tait : on ne sait plus à quel point on est coupable, et à quel point le bourreau en est un. La vérité : un enfant n'est jamais coupable des violences qu'on lui impose. Si seulement j'avais compris ça... Si seulement quelqu'un avait su me l'expliquer.

Alors je me sentais coupable...

Devant les pleurs de ma mère lorsque D la battait alors qu'elle avait à peine franchi la porte de notre appartement.

Devant mes frères quand je les voyais effrayés par les cris de ma mère ou de D quand il la battait. Je ne savais pas comment leur épargner ça, je ne savais pas comment les rassurer.

Devant D lorsqu'il me disait qu'il m'aimait. Mais j'avoue que devant lui, j'étais réellement coupable de souhaiter sa mort.

Le sentiment de culpabilité ne disparaît jamais vraiment.

Je l'ai traîné toute ma vie. A l'école quand les autres me disaient bizarre, au travail, en couple, en famille... Tout le temps.

Quand ma mère a préféré me faire partir pour « me protéger », je me suis sentie coupable de la laisser là, avec mes frères, face à D qui leur ferait certainement du mal. Je n'ai pas compris tout de suite que la décision de ma mère n'était pas la bonne car la seule chose qui me rongeait était de savoir que d'une certaine manière je les abandonnais, mes frères et elle.

Chaque fois que dans ma vie je me trouvais dans une situation douloureuse, je me culpabilisais systématiquement. J'ai vécu à cause de cela des drames qui auraient pu être évités car à trop vouloir assumer les responsabilités des autres, on finit par paraître réellement coupable, et pire, on permet à ceux qui mériteraient d'être un peu secoués de ne pas avoir à faire leur examen de conscience.

J'ai donc vécu, par exemple, un divorce des plus douloureux. Car le mari que j'avais à ce moment-là savait que j'étais facile à culpabiliser. J'aurais pu demander un divorce pour faute, je l'ai fait à torts partagés. Mais sans rien voir venir, j'ai vite été désignée comme celle qui avait fauté, celle qui était mauvaise épouse, mauvaise mère, parce que c'était normal : les enfants maltraités deviennent des parents maltraitants... Dans le doute, le juge a préféré que je n'aie pas la garde exclusive de mes enfants. Je m'en suis tellement voulu de ne pas avoir compris ce qui se tramait, de ne pas m'être assez méfiée, préparée et donc avoir laissé un étranger et un menteur décider du sort de mes enfants. Je m'en voudrai à vie, car à cause de ma naïveté mes fils ont vécu des moments très douloureux. Simplement, parce que je pensais qu'en effet, je n'étais pas une bonne maman. Simplement parce que sans aucune objectivité j'ai préféré me penser coupable de la situation merdique dans laquelle j'étais.

A chaque fois qu'une personne m'attaquait, je préférais prendre sur moi car je pensais être coupable de quelque chose que j'ignorais mais que forcément je découvrirais... Avec le recul j'ai découvert que beaucoup se sont servis de cette faiblesse.

Il m'est encore difficile aujourd'hui de ne pas systématiquement me sentir fautive quel que soit le sujet. Je continue donc de souffrir régulièrement, car ce sentiment de culpabilité entraîne de la colère, une colère qui m'est destinée, sous deux aspects : d'abord la colère due à ce sentiment de culpabilité, je m'en veux, d'être aussi nulle, aussi mauvaise, aussi... Et finalement, quand je me rends compte que je n'ai rien fait de mal, alors je suis en colère d'être toujours aussi fragile psychologiquement.

Je me suis sentie coupable d'avoir brisé la famille qui était la mienne. Avec le recul, ce n'était pas une famille, au mieux une mascarade. Mais l'un de mes frères m'a toujours fait sentir que le malheur était venu de moi. Je ne comprenais pas, alors, s'il me reprochait d'exister, d'avoir été la faiblesse de son père, de n'être pas morte, de n'avoir pas su le protéger, de n'avoir pas trouvé de meilleure solution que la fuite, de ne pas avoir envoyé son père en prison... Bref, je ne savais pas en quoi, pour lui, j'étais coupable. Mais j'acceptais d'être désignée coupable, parce que forcément, j'étais bel et bien au cœur du problème. Mais ne pas savoir pourquoi mon frère m'en voulait à ce point, c'était une souffrance. Forcément cette souffrance me mettait en situation de retenue. Je ne pouvais pas m'exprimer librement avec ce petit frère qui m'en voulait tant. Alors que nous avions été très proches durant notre enfance, les liens se sont altérés. Nous étions devenus étrangers l'un à l'autre. Nous ne partagions plus rien de personnel. Jusqu'à il y a environ trois ou quatre ans. Ma nouvelle situation familiale, la sienne, nous ont rapprochés. J'ai souhaité qu'il devienne le parrain de ma fille, parce que ça représentait beaucoup pour moi : comme le fait de tirer un trait sur des années d'incompréhension, comme le fait d'admettre son nom de famille comme autre chose qu'une injure, comme le fait de lui dire « tu es mon frère, à vie, peu importe ce qu'il nous a fait » ... J'aurais voulu discuter avec lui de ce que j'avais vécu, mais il ne l'a jamais souhaité, disant qu'il en savait assez. Pourtant, ce qu'il savait n'était que la version de D, agrémentée des quelques vérités triées soigneusement par ma mère... Ce qu'il me reprochait en fait ? Je l'ai su récemment : il me reproche d'avoir tout inventé... Et donc d'avoir, pour rien, gâché sa vie, celle de notre autre frère et celle de *ses* parents. Cette accusation repose donc sur la parole de mon bourreau, et sur les souvenirs de mon frère pour qui notre enfance n'était pas si mal... Comment lui expliquer après autant d'années que ce qu'il croit savoir n'est que mensonges ou interprétation des faits ? Comment lui dire que ce qu'il a vu, entendu a un sens bien précis pour moi qui n'est pas celui qu'il imagine. Et à quoi bon ? J'ai quarante-et-un ans, je n'attends plus rien de personne concernant ces années de ma vie, foutues en l'air par un monstre. Mon frère est sorti de ma vie, je l'y ai aidé, je ne supportais pas l'idée qu'il m'ait ainsi considérée comme responsable de tous ses maux alors que j'ai vécu l'enfer à cause de son père qu'aujourd'hui il plaint, et soigne... Je ne peux supporter l'idée que j'ai encaissé les pires souffrances pensant le protéger, et qu'aujourd'hui, mon frère me traite comme une moins que rien, la pire créature qui soit : menteuse, folle, méchante… Je ne supporte pas l'idée qu'il préfère oublier les violences que son père nous a infligées à tous, les conditions dans lesquelles nous avons été élevés, le manque de tout, le mépris, les insultes… Je ne supporte pas que mon frère préfère oublier qu'un jour, son père a reconnu ce qu'il avait fait, devant lui, à plat ventre, en pleurant sur mes chaussures… Je ne le supporte pas parce que je ne comprends pas. Ou plutôt je comprends ceci : les temps ont changé, il vaut mieux aujourd'hui préserver les apparences, au nom de mes hypothétiques futures belles-sœurs, au nom de mes neveux qui doivent à jamais ignorer que leur grand-père est un pédophile… Je devrais donc accepter d'être traitée de folle, de me taire, encore… Mais je le refuse.

Je ne me sens plus coupable de rien vis-à-vis de ce frère pour qui j'aurais donné ma vie, et qui aujourd'hui me considère comme un monstre, « immonde saloperie » m'a-t-il dit… Il n'oserait pas le dixième de cette expression devant son père qui pourtant ne mérite pas de respirer le même air que tous les enfants de cette planète… Ce père qui l'a toujours manipulé.

Je sais ce que j'ai vécu, et ce dont je me sens coupable à présent que j'ai ouvert les yeux sur ma mère, maintenant que mon frère a fait le choix de minimiser la responsabilité de son père pédophile, je me sens coupable de n'avoir pas compris plus tôt que je devais tout faire pour envoyer D en prison. Cette culpabilité-là, je devrais la supporter toute ma vie, car j'ai le sentiment d'avoir failli, de m'être faite avoir sur toute la ligne, car en croyant protéger ma mère et mes frères des retombées d'un procès, je me suis sacrifiée une nouvelle fois, et j'ai sans le savoir encouragé leur déni : car « si D était coupable comme je le prétends, alors je l'aurais envoyé en prison, si je ne l'ai pas fait, c'est que je mens ». Raisonnement primaire, aveugle, assassin, contre lequel je ne peux plus rien... Une terrible réalité me fait mal : il y a un pédophile dans la nature qui jamais n'aura eu à répondre de ses actes... C'est une véritable douleur pour moi.

Le sentiment de culpabilité m'a poussée à demander pardon à ceux qui m'ont blessée. Petite, je demandais pardon à D pensant que j'avais fait quelque chose de mal et croyant qu'en demandant pardon, il arrêterait... Un jour, j'ai lu dans la presse au sujet de cette petite fille tuée par ses parents, la petite Typhaine, que son dernier mot a été « pardon ». J'ai fondu en larmes parce que tout à coup j'ai ressenti une douleur vive, j'ai eu le sentiment de comprendre ce qu'a vécu cette enfant, j'ai eu le sentiment de savoir quels étaient sa douleur, son désespoir, son incompréhension, sa détresse... En quelques secondes, des images, des sensations, des douleurs me sont revenues en tête, j'en ai eu mal au ventre, à l'âme.

La culpabilité c'est aussi le fait d'être en vie. Me dire que finalement c'est peut-être vrai que ce n'était pas si grave, parce que je suis en vie alors que des enfants meurent à cause de maltraitance.

La culpabilité c'est ce sentiment d'impuissance : je sais, je suis convaincue qu'il existe des milliers d'enfants qui vivent ce que j'ai vécu, des enfants qui sont torturés au sein même de leur famille. Et personne ne fait rien pour eux. Je ne fais rien pour eux.

Je suis coupable de n'avoir pas voué ma vie à la défense des enfants en danger. Et je suis coupable de ceci : je ne me sens pas la force de le faire, parce que j'ai peur de ne pas supporter.

Ce qui me laisse penser que je ne vaux pas mieux que toutes ces personnes qui se sont rendues coupables de non-assistance alors que j'étais au plus mal. Je ne vaux pas mieux que ma mère qui dit sans aucun état d'âme : je ne suis responsable de rien.

Ceux qui ne savent pas peuvent, peut-être, se prétendre impuissants. Mais ceux, qui comme moi, savent la douleur et la solitude de ces enfants : comment pouvons-nous vivre sans tenter d'aider ces mômes à ne pas subir à vie ce que nous subissons ?

Je ne souhaite à aucun enfant de devenir adulte dans les mêmes conditions qui ont fait de moi celle que je suis. Car même si l'on peut estimer que je m'en suis bien sortie (et c'est tout relatif), j'ai traversé tant de souffrances et ma vie a parfois été si dure que je ne le souhaite à personne.

Je suis responsable d'une chose : un jour, je devrai expliquer qui je suis à mes enfants, ils auront mal. Mais comment leur mentir ? Comment leur cacher pourquoi nous n'avons pas une famille digne de ce nom ? Dois-je encore mentir pour préserver les apparences et ne heurter personne ? Je ne le crois pas. Je vais devoir leur faire mal avec la vérité.

Si je mens à mes enfants, un jour peut-être on viendra leur raconter une version de moi qui n'est pas la vraie, et alors là, ils souffriront doublement car en plus ils auront le sentiment que je ne leur fais pas assez confiance pour leur parler de moi.

Voilà, ce à quoi je suis condamnée : un sentiment de culpabilité que je ne peux éviter quoi que je décide, parce que d'autres se sont rendus coupables de violences, d'abandon, et que je n'ai pas eu la force de les combattre et de faire apparaître la vérité.

Mais j'avance peu à peu. Aujourd'hui, je me culpabilise moins facilement. Je prends plus facilement du recul. Par exemple, j'avais la manie de m'excuser quand, dans la rue, je me faisais bousculer par un inconnu. Je ne le fais plus. J'ai pris conscience que je n'ai pas à m'excuser pour les autres. J'aime me dire que j'assume mes paroles, mes actes, mes responsabilités, que ça fait de moi une personne juste. Mais il est bien fini le temps où je demandais pardon à ceux qui auraient dû s'excuser auprès de moi

La colère.

J'ai souvent eu du mal à contenir ma colère. C'était douloureux de la taire, ça me tordait le cœur et le ventre comme si j'allais imploser. Alors il fallait que ça sorte, peu importe quand ou comment. Le problème, c'est qu'en véritable écorchée vive que je suis, j'exprime souvent les choses avec excès. Alors la colère... Imaginez un peu !

Quand j'étais enfant, ma colère ne se manifestait pas vraiment. Je ne sais pas d'ailleurs si j'étais vraiment en colère, car je ne comprenais pas, je souffrais. Il me semble que la peur prédominait.

La colère est arrivée avec la prise de conscience. Dès lors que j'ai compris ce qui m'arrivait, j'ai été en colère.

Contre D, parce que j'ai réalisé que contrairement à ce qu'il prétendait, je n'avais pas à accepter de me soumettre à sa volonté, et ce qu'il me faisait était interdit. J'étais en colère au point de vouloir le tuer. Et j'ai essayé. J'ai voulu l'électrocuter dans son bain en y jetant le poste radio qu'il branchait dans la salle de bain. J'avais projeté de le faire quand il me demanderait de lui apporter son pastis, comme à chaque fois. J'ai hésité longtemps. Le jour où j'étais décidée, il n'avait pas branché le poste...

Une autre fois j'ai voulu utiliser la carabine 22 long rifle qui était rangée dans le placard, les balles étaient dans un tiroir. Mais le jour où je me suis senti la force, je n'ai pas trouvé les balles. Alors j'ai voulu l'empoisonner avec un médicament que ma mère mettait dans son pastis pour lui faire prendre conscience de son alcoolisme (prescrit à l'insu de D par un psychiatre, ce produit devait lui faire réaliser qu'il se sentait mal quand il buvait). J'ai, à plusieurs reprises, versé une grosse quantité de ce produit dans son verre, ce qui a eu pour effet de le faire dormir longtemps, c'était toujours ça de gagné.

Une autre fois, j'avais projeté de l'assommer avec l'antivol de la voiture, une canne qui se fixait au volant et à la pédale de frein. Avant de démarrer, il la rangeait sous le siège passager où je m'asseyais pour qu'il m'accompagne à l'école. Je voulais l'utiliser pour le frapper pendant qu'il conduisait, sur un pont. Je me disais que la voiture partirait dans le décor et que nous allions mourir tous les deux, mais qu'au moins, ça allait s'arrêter. Le jour où j'étais prête à passer à l'acte, il a rangé la canne à l'arrière de la voiture.

J'avais l'impression qu'il sentait que je préparais quelque chose. La colère aurait pu faire de moi un assassin. Mais je n'avais pas la possibilité de l'exprimer. Je le haïssais, j'avais envie de lui dire que je voulais le voir crever, envie de lui hurler mon dégoût et de lui arracher les tripes. J'avais envie de le frapper, jusqu'à ce qu'il ne reste plus rien de lui. Mais je ne pouvais pas. Je devais continuer d'avoir l'air docile, je devais accepter, me taire. La colère pourrissait en moi, me consumait.

La colère, je l'ai également vécue face à ma mère. Je la voyais souffrir, le visage tuméfié, le corps meurtri, humiliée, rabaissée au rang d'objet. J'aurais voulu qu'elle réagisse, qu'elle décide de ne plus subir les coups, les insultes... Je crois que ça m'aurait donné la force de parler, de réagir également. Au lieu de ça, elle avalait des antidépresseurs et dormait. Puis comme d'habitude, D s'excusait, et tout recommençait. Ma mère était faible, passive. Je ne le supportais pas.

De la même manière je ne supportais pas le fait de ne pas pouvoir lui faire confiance. Je la testais. Parce que D me disait toujours qu'elle était jalouse de moi, qu'elle était bête, qu'elle se fichait que je souffre. Alors il m'est arrivé de confier des choses à ma mère concernant l'école, ou mes sentiments pour un gamin qu'elle connaissait bien. J'attendais d'elle qu'elle garde ça comme un secret, qu'elle trouve ça bien que je lui parle. Au lieu de ça, elle répétait tout à D, sous des airs de plaisanter : « tu sais pas quoi ?? » ... Et lui écoutait attentivement, faisait comme si c'était effectivement amusant, et dès qu'il en avait l'occasion, il me faisait payer le fait d'avoir confié quelque chose à ma mère tout en me démontrant que j'étais bien bête de lui faire con-fiance. Elle ne se rendait pas compte du mal qu'elle me faisait en trahissant ma confiance. Alors j'étais en colère contre ma mère. Je la trouvais complice de cet enfermement dans lequel je me trouvais. Cette colère a eu le temps de grandir en moi. Le fait de la voir se dégrader physiquement, de constater que, quoi qu'il fasse, elle lui passait tout, de constater aussi qu'elle se complaisait dans les apparences et que finalement elle acceptait cette vie immonde sans chercher à en changer. Ce qui se passait chez nous n'était pas grave, tant que nous portions des parfums très chers, ma mère pouvait porter une jolie veste en cuir mais n'avait pas de quoi acheter un soutien-gorge... Nous avions faim, mais nous avions une belle télé, un magnétoscope très cher... Un toit, et quel toit : HLM de cité pourrie, avec des cafards et des rats. Tout ça me dégoutait, me rendait folle de rage. Mais je n'osais pas le dire. Comment aurais-je pu dire à ma mère « bouge-toi, emmène-nous loin d'ici, arrête d'accepter d'être traitée comme une merde, arrête de nous offrir ce spectacle affligeant » ... Comment aurais-je pu alors qu'elle semblait si fragile, si paumée. Elle se sacrifiait chaque jour, ne s'offrant jamais rien, portant des vêtements et des chaussures usés. Aujourd'hui encore je lui en veux d'avoir fait ce choix. Et je reste sur l'idée que c'est un choix. Elle était trop orgueilleuse pour reconnaître que sa vie était minable auprès de sa famille, alors il valait mieux encaisser les coups plutôt que de demander de l'aide.

J'ai mis du temps à me rendre compte de tout ça. Mais depuis que je suis maman, je sais que jamais je n'aurais supporté que mes enfants vivent dans un tel climat de violence. Je ne comprends toujours pas comment elle a préféré ça à la fuite, et oui, elle aurait sans doute été dans une situation précaire au début, mais nous aurions enfin pu vivre en paix. Quand elle continue de dire qu'elle ne savait pas ce qu'il me faisait, qu'elle ne se doutait de rien, je suis en colère parce que rien que ce nous étions obligés de supporter mes frères et moi quand il hurlait et la battait aurait dû la faire réagir. Elle aurait dû se poser des questions à cause de mon comportement, mes absences scolaires, mes tentatives de suicide, ou le fait que D avait cloué la fenêtre de ma chambre... Faire le lien entre mon état et la violence de D, certaines de ses paroles. Et là encore je ne pouvais rien dire à ma mère. A quoi bon si ce n'est lui faire encore plus de mal ? Elle était modelée, façonnée, elle ne réagissait plus, et ma colère n'aurait fait que la meurtrir, et dans l'incompréhension elle se serait tournée vers D qui m'aurait sans doute fait payer très cher mon audace.

La colère a donc été ma compagne pendant longtemps. Et elle m'a permis de tenir debout. La colère est saine, elle permet de résister et de rester un peu soi-même. J'ai le sentiment que si j'ai réussi à me sortir de cette horreur et si j'ai réussi à redevenir un être humain, c'est parce que cette colère m'avait permis de rester moi tout au fond de mon être, et que la marionnette que j'étais avait quand même assez de tripes pour avoir envie de ne plus en être une. Toutes ces fois où j'ai eu envie de cogner dans les murs, toutes ces fois où je voulais hurler de rage, je remplissais une pile d'énergie qui m'a fait tenir debout. Dans ces moments-là, uniquement, je me disais : un jour il le paiera, un jour je lui montrerai.

Je vis toujours avec la colère. Elle a toujours été présente en moi. Je n'ai jamais su contenir la colère, je l'ai toujours exprimée de la manière la plus violente qui soit. Que ce soit avec ma mère, mes frères, les compagnons que j'ai eus ou même au travail, je n'ai jamais su retenir ma colère. Alors dans le meilleur des cas, ce sont mes paroles qui la faisaient jaillir hors de moi. Je suis hélas capable de faire beaucoup de mal avec de simples paroles, sans forcément utiliser d'insultes. Il y a quelques années, ma mère m'ayant trahie une nouvelle fois, je lui ai dit qu'elle aurait été magnifique à la droite de Ponce Pilate, sa manière de se laver les mains de tout me révulsait… Et j'avoue, j'avais envie de la blesser pour lui faire comprendre ce que je ressentais. Mais ce que je ressentais elle n'en a pas fait cas, elle a crié au scandale parce que je lui avais manqué de respect. En y pensant, je pense que ma colère était plus que justifiée.

J'ai aussi ressenti souvent le besoin de tout mettre par écrit, comme si le fait de mettre des mots sur cette colère me permettait de l'apaiser un peu. Le problème, c'est qu'écrire quand on est en colère est toujours plus ou moins confus. Alors finalement, ça n'avait jamais l'effet escompté, et pire, on me prétendait folle à vouloir écrire tout le temps. Je continue donc d'écrire mes colères, mais de manière plus posée, c'est-à-dire pas sur le moment, mais avec quelques jours de recul, et je garde souvent pour moi le fruit de ces colères ou en publie quelques-uns sur un blog. Cependant, la dernière fois que ma mère m'a blessée et humiliée, je lui ai écrit une lettre d'une dizaine de pages, à la main, sans trop savoir à l'avance ce que j'écrirais, mais avec le besoin de vider mon sac. Puis je l'ai envoyée dans la foulée. Malheureusement, ma mère a reçu cette lettre à son anniversaire. Je n'avais pas calculé mon coup comme elle le prétend, je voulais seulement me débarrasser de ça, de cette colère, d'elle. Elle n'a donc retenu que le jour d'arrivée de ma lettre, son contenu ne l'a pas intéressée. Elle a préféré juger la forme plutôt que le fond…

Il m'est arrivé également de devenir physiquement violente, de saisir une chaise et de l'envoyer au visage de mon interlocuteur, de vouloir frapper de toutes mes forces. J'ai frappé à plusieurs reprises l'un de mes compagnons. Et un jour, je l'ai frappé devant un miroir. Quand je me suis vue, j'ai eu la nausée. Ce n'était pas moi. Cette violence, ce n'était pas la mienne, et au fond de moi je n'en voulais pas. J'ai pris conscience que je me vengeais sur la mauvaise personne. Je n'ai plus jamais levé la main sur lui. Mais je suis forcée d'avouer que j'ai souvent des pulsions violentes, des envies de frapper, gifler. Je les contiens, parfois difficilement, mais je m'efforce de ne pas oublier que cette violence n'est pas la mienne.

Un jour, il y a quelques années, alors que je pensais être à l'abri, j'ai subi une agression, violente. Je me suis défendue. Cet homme, un inconnu, ne savait pas que j'avais connu pire que lui. Il a subi ma colère, celle que j'avais contenue durant des années. J'aurais pu le tuer, je pense. Je ne l'ai pas fait. En tous cas, je n'ai pas subi, il est devenu ma victime. La colère, à ce moment précis m'a sauvé la vie. Mais elle m'a aussi forcée à me rendre compte de la violence qui sommeillait en moi et je me suis sentie monstrueuse. J'avais le sentiment d'être devenue un animal sauvage. Il a fallu que je gère cette situation, et que je prenne du recul pour comprendre que finalement, c'est mon instinct de survie qui a pris le dessus, et que c'est normal.

Je constate en tout cas que les principales sources de colères ont été D, ma mère, et l'un de mes frères. Je crois qu'ils n'imaginent pas à quel point j'ai parfois eu envie de leur cracher à la figure ou de les frapper. Dernièrement, je me suis rendu compte que si j'avais eu ma mère en face de moi plutôt qu'au téléphone, je l'aurais étranglée pour la faire taire. Pas pour la tuer. Pour la faire taire. Il y avait longtemps que je n'avais pas ressenti une colère aussi puissante, dévastatrice. Je crois qu'elle est à la mesure du mal que ma mère m'a infligé en me traitant comme elle l'a fait. Alors cette colère me fait douter : suis-je un monstre ? Et le fait de me poser cette question me met en colère contre moi. Je m'en veux d'être si impulsive, si écorchée, si violente.

J'ai très souvent été en colère contre moi. Et cela s'est manifesté par des tentatives de suicide. La première fois que j'ai voulu mourir, je n'avais pas treize ans. La dernière fois c'était le deux novembre 2003. Il m'est arrivé de passer très près de la mort, de me retrouver dans le coma. Il ne s'agissait pas d'appels à l'aide mais bien d'une volonté d'en finir. Mais il semble que je ne sois pas douée pour ôter la vie, quand j'ai voulu tuer mon bourreau, j'ai échoué, quand j'ai voulu me tuer, j'ai échoué aussi… Je me suis détestée, je m'en suis voulu d'être en vie, de n'être pas normale. Ce sentiment de rejet de moi-même a long-temps été une source de colère particulièrement douloureuse.

Aujourd'hui, ma colère est apaisée. Avoir décidé de couper les ponts avec ceux qui étaient devenus uniquement source de déception et de douleur m'a permis de retrouver un équilibre. Je suis toujours indignée par la manière dont les miens m'ont traitée. Mais je ne ressens plus de colère, plutôt du doute, du mépris, de l'écœurement. Ce n'est plus douloureux, c'est simplement triste et pathétique.

Mais il subsiste une colère profonde, celle du souvenir. Parce que rien ne pourra jamais ôter les souvenirs de ma tête. J'en ai pourtant fabriqué de nouveaux, avec mon homme, mes enfants, mes amis. Mais les souvenirs refont surface, régulièrement, sans que j'aie eu besoin de les inviter. Et quand je revois cette môme que j'étais, quand je me rappelle ce qu'il a osé faire, alors la colère est bel et bien là, qui noue mon ventre et mon cœur, et qui me donne envie de le tuer. Personne ne pourra jamais me faire admettre qu'un homme qui viole et torture un enfant ne doit pas être écrasé comme un vulgaire nuisible. Ma colère ne mourra sans doute jamais, elle diminuera peut-être quand il sera mort, je l'espère. Car finalement, la colère est comme un feu qui nous consume de l'intérieur. La flamme nous permet parfois de rester en vie, mais si elle grandit trop, alors elle n'est que la lave d'un volcan qui abîme toute la vie qui est en nous, nous empêche de savourer les précieuses minutes de fraîcheur, de bonheur. J'ai la chance d'avoir réussi à maîtriser cette colère et la canaliser pour la rendre utile. En tous cas, je m'efforce de ne pas réagir avec excès, et de me remettre en question quand je suis en colère pour comprendre pourquoi je réagis ainsi.

La douleur.

C'est difficile de raconter la douleur. C'est quelque chose de très personnel, que chacun vit à sa manière. Le seuil de tolérance est propre à chacun.

En ce qui me concerne, j'ai vécu plusieurs douleurs. Les douleurs physiques, les douleurs psychologiques, les douleurs affectives.

Je dirais que celles qui sont arrivées en premier sont les douleurs psychologiques. C'est cet état de doute, d'incompréhension qui grandit peu à peu. Je ne comprenais pas ce qui m'arrivait, je ne comprenais pas pourquoi, je me sentais seule, en danger, j'avais peur. La peur était une torture. Peur que ma mère m'abandonne une fois de plus, pas chez mes grands-parents cette fois, mais dans une poubelle. Peur d'être seule, sans nulle part où habiter, sans personne pour s'occuper de moi. Peur de voir mourir ma mère, peur qu'il lui fasse du mal. Psychologiquement c'était très difficile de tenir bon.

Mais surtout, l'incompréhension me torturait. Ce que D m'infligeait « par amour » était douloureux. Il disait que c'était pour mon bien car sinon ma mère serait en colère et ne voudrait plus de moi. Dans ma tête, ces questions-là : « Oui mais alors pourquoi être obligée de ne rien dire ? Et pourquoi est-elle contente si j'ai mal ? Est-ce que ça veut vraiment dire qu'elle veut que je sois punie parce que je suis méchante ? Qu'est-ce qui se passera si elle ne veut plus de moi ? ». Des questions qui peuvent sembler banales à un lecteur adulte, mais qui dans la tête d'une môme de quatre ans raisonnent comme un marteau piqueur… Je ne savais plus rien d'autre que le doute, et il me faisait mal au corps.

Cette douleur psychologique a évolué avec les années et la prise de conscience. Elle a grandi en même temps que la solitude construisant des murailles entre les autres et moi, la vie normale et moi, et mon « moi » réel avec celui que je devais montrer.

Psychologiquement j'ai eu à supporter des tortures insupportables. Insultée, traitée comme un objet, un sex-toy humain, modelée pour être une parfaite marionnette… Je devais penser comme il voulait, sourire quand il voulait, pleurer quand il voulait. Je devais me taire surtout. Accepter tout et me taire.

Je devais également supporter de voir ma mère être traitée comme un sac de frappe, D l'insultait, la battait et lui retirait toute dignité, toute fierté, toute ambition. Elle n'était rien. Elle ne décidait de rien. Quand j'ai pris conscience que ma mère acceptait tout ça sans chercher à fuir, j'ai pensé que je n'avais pas le droit non plus de chercher à fuir. Sa condition la reliait à la mienne. Et je n'arrivais pas à croire que cette femme-là pourrait me venir en aide. Comment aurait-elle pu m'aider alors qu'elle-même était seule au monde ? J'aimais ma mère. La voir souffrir me rendait malade. J'aurais voulu avoir la force de la sortir de là. Je ne l'avais pas. Quand elle prenait un coup, je le sentais dans ma chair, dans mon cœur. J'étais désemparée.

Je devais avoir l'air normal. Alors je m'appliquais à sourire, participer à la vie de famille, être une bonne élève. Psychologiquement, là aussi c'était insupportable. Je souffrais de devoir dire en public des mièvreries du genre « je t'aime papa » et l'embrasser sur la bouche (c'est une coutume qu'il avait imposée et qui me dégoûtait). Je devais me comporter avec D comme si j'étais heureuse d'être sa fille, comme si je vivais une vie normale de môme normale alors que j'avais envie de hurler « je te déteste et je veux que tu crèves ! ». Imaginez que vous soyez obligé de remercier votre bourreau de la vie infernale qu'il vous offre…

La détresse psychologique se lisait cependant dans mes yeux. Le père de mes camarades de jeu, un homme hors du commun, avait remarqué que je cachais quelque chose. Il était comédien, peut-être est-ce pour cette raison qu'il a compris que je jouais un rôle ? Un jour il m'a dit qu'il pensait que je n'étais pas heureuse, et que quelqu'un me faisait peut-être du mal. Il m'a dit que si je voulais en parler, il m'écouterait et essaierait de m'aider. Il s'est peut-être douté de quelque chose parce qu'il savait que ma mère était battue, et il connaissait D suffisamment pour le savoir capable de faire du mal, même à un enfant. Je ne me sentais pas prête à parler. J'avais peur de parler. Malheureusement, peu après, cet homme est mort accidentellement. Je n'ai jamais pu lui dire, à la fois merci de m'avoir « vue », ni lui raconter pourquoi j'avais besoin d'aide. Est-ce qu'il m'aurait aidée ? Je n'en sais rien, peut-être que oui, peut-être qu'il n'aurait pas su… En tous cas je garde de lui le souvenir de quelqu'un qui m'a regardée dans les yeux et qui a vu que je faisais semblant de sourire. Parce qu'elle est là aussi la détresse : le sentiment que vous êtes invisible car en réalité personne ne voit ce que vous criez avec vos yeux.

La détresse psychologique est une douleur *propre* de l'extérieur. Personne ne la voit, ne la sent. Pourtant, il y a eu chez moi des manifestations de cette détresse : tentatives de suicide, maux de ventre, maux de tête, malaises, comportements anormaux qui m'ont valu des gifles de la part de ma mère. Ma mère ne cherchait pas à savoir, à comprendre. Elle sanctionnait ou cherchait à panser. Je me souviens d'un jour où je sortais de l'hôpital après une tentative de suicide, j'étais sous calmants, et même là je faisais semblant car j'avais compris que même les médecins ne m'aideraient pas. Je ne saurais plus dire quel âge j'avais. Il y a eu comme ça une période où j'étais assommée par les médicaments qu'on me prescrivait, et où mes souvenirs sont flous quant aux saisons, aux évènements, car tout glissait sur moi comme si je n'étais pas de ce monde. Mais je me souviens, ma mère est venue me chercher, et elle avait l'air désolé. Elle a voulu me faire plaisir, alors elle m'a emmenée acheter des vêtements, chez C&A. Je sortais d'un service de psychiatrie pour avoir tenté de me suicider, et elle me consolait en achetant des vêtements... Ma mère était en décalage total avec la réalité, ma réalité. Alors parce que je la voyais, avec sa petite figure fragile et inquiète, elle qui se débattait dans un quotidien plus que pénible, je préférais ne rien dire de ce qui me torturait. J'avais le sentiment qu'elle ne saurait pas gérer. Je voyais qu'elle n'était pas prête, pas assez forte.

A l'hôpital on avait voulu me faire parler. Comment fait-on parler une enfant qui veut mourir ? En tous cas pas comme le Professeur P ; éminente professeure et chef de service en neurologie pédiatrique de l'hôpital de la Timone... Elle cherchait à comprendre l'origine de mes crises d'épilepsie, de mes malaises. Un jour on m'a emmenée dans une salle remplie d'étudiants en blouses blanches, pour m'examiner. J'étais sur une table d'examen et pendant que la professeure P faisait son discours avec des mots très savants que je ne comprenais pas, les étudiants prenaient ma tension, regardaient dans mes yeux avec des loupiotes, vérifiaient mes réflexes... Un objet. Voilà ce que j'étais une fois de plus. Un bout de viande à qui l'on ne s'adressait pas directement, mais que l'on pratiquait pour satisfaire un besoin, en l'occurrence ici l'enseignement. A votre avis, j'ai eu envie de parler après ça ? Ou quand on entrait dans la chambre sans frapper pour prendre ma tension sans se préoccuper du fait que je pouvais être à moitié endormie ? Ou quand en pleine nuit on est venu m'attacher au lit parce que j'avais fait un cauchemar et que je m'étais débattue en dormant ? Alors je m'isolais dans mon mutisme. D'un point de vue neurologique, on m'a fait les examens de base, et comme ça ne donnait rien, on a décrété que j'étais hystérique. Et c'est ce qu'on a dit à ma mère, et à D, que j'étais hystérique. L'aubaine pour lui ! Désormais il avait sa défense toute trouvée si jamais je tentais de résister ou pire si je parlais !

J'ai rencontré un psychiatre pour enfant également. Je me souviens d'une de ses questions en particulier : il y a quelqu'un qui te fait du mal ? J'ai répondu du bout des lèvres, quasiment murmuré « papa ». Il n'a pas demandé comment, ni quand. Il est passé à d'autres questions, du genre est-ce que tu lui en veux de te faire du mal, ou encore en veux-tu à ta maman... Je ne savais pas ce que je pouvais répondre, j'avais peur, le sentiment que j'en avais déjà trop dit et que j'allais le payer. Puis finalement, ce psychiatre-là a donné un avis favorable pour que je rentre « chez moi » ... Il a expliqué à ma mère, et D que j'avais un problème vis-à-vis de mon père biologique, que c'était sans doute lié à une séparation qui m'avait marquée, bla bla bla... (Propos qui m'ont été rapportés par ma mère, puis par D par la suite). J'ai eu le grand bonheur de voir D me ramener chez nous, ou plutôt dans son antre maudit.

Quand on vous désigne comme hystérique, quand on ne vous entend pas, quand on ne vous regarde pas... Quand celui que vous appelez « papa » vous viole, vous torture et vous utilise comme un objet ... Comment pourriez-vous être à même de savoir ce qui est bien ou mal ? Comment pourriez-vous vous sentir en sécurité ? Comment pourriez-vous ne pas avoir si mal dans le cœur et dans l'âme que cela vous fasse perdre la raison ?

C'est ça que j'ai dû supporter : le désespoir. Cette souffrance psychologique a été très tenace. En 2003, à la veille de mon anniversaire, j'étais tellement en souffrance, j'avais tellement de cauchemars, tant de souvenirs qui refusaient de s'estomper, et à un moment où ma vie allait mal : un divorce, le décès de ma grand-mère, le décès de mon meilleur ami, et surtout le fait de ne pas avoir mes enfants auprès de moi car leur père s'était servi de mon enfance pour faire valoir que j'étais un danger hypothétique pour eux... Bref, le quotidien douloureux avait ouvert une brèche, et mon enfance s'y était engouffrée. Je ne dormais plus, je ne mangeais plus, je vivais dans la peur de fermer les yeux, je me lavais quinze fois par jour et je m'enfermais dans un placard. Je devenais folle. J'essayais de sauvegarder *encore* les apparences, mais je me perdais. Ma tête était comme une cocotte-minute prête à imploser, et j'avais seulement mal, dans le corps, dans le cœur, dans l'âme. J'ai alors pensé que j'étais mauvaise : fille, femme, mère, personne...

Quand ma mère me voyait faire une crise de nerfs, elle disait « tu vas arrêter tes conneries, ressaisis-toi, arrête de faire du mal à tout le monde ». J'ai pensé que je n'étais que source de déception et d'inquiétude. J'ai pensé que ceux que j'aimais seraient mieux si je disparaissais. J'avais souscrit une assurance vie qui prenait en charge le suicide. Je voulais que ma mort serve mes enfants. Je voulais vraiment mourir parce que la vie était douleurs. J'étais seule au monde. Personne ne comprenait, simplement parce que personne n'avait mes souvenirs, personne ne vivait avec mes cauchemars, mes terreurs, et ces douleurs physiques tant mon cœur était serré dans ma poitrine. J'aurais voulu hurler et que mon cœur sorte de moi tellement je n'en pouvais plus. Je voulais mourir. Je pensais « ce doit être beau la mort après ma vie ». Je ne me sentais déjà plus vraiment en vie de toute façon.

La douleur psychologique me poursuit. Je vis encore de terribles moments de solitude quand je fais un cauchemar ou quand, comme ce fut le cas récemment, ma mère me crache à la figure par ses paroles assassines en prétendant que je mens ou que je suis malade. C'est douloureux parce que c'est ma mère, et qu'elle me pousse à la mépriser, la haïr au point de vouloir qu'elle n'ait jamais été ma mère. Au point d'avoir honte, d'être issue de ces parents-là : un fantôme et une menteuse.

La douleur affective, est liée à la douleur psychologique. C'est le manque constant d'affection, de reconnaissance, de sécurité. Je ne me souviens pas avoir regardé ma mère en me disant « elle m'aime, elle est fière de moi ». Je ne me souviens pas l'inverse non plus. Je ne l'accuse pas de ne pas m'avoir aimée. Mais je ne me souviens pas avoir ressenti son amour. Je me souviens en revanche avoir très nettement ressenti son incompréhension, son impatience, son exaspération, et dernièrement son mépris.

Je n'ai jamais pu être certaine de l'amour de mon père. Pourtant j'avais besoin de lui. Il était un manque permanent. Mais je n'ai à aucun moment eu le sentiment qu'il pouvait m'aimer.

La douleur affective est un piège. C'est l'enfermement dans un processus de rejet de soi-même qui n'autorise pas les liens affectifs. Je ne voulais pas être aimée, parce que je pensais ne pas le mériter. Et il était évident que je ne le méritais pas : ma mère ne m'aimait pas, pas plus que mon père, et j'étais un monstre. Alors pendant des années, j'ai mis en échec mes relations amoureuses parce que je pensais ne pas être digne de l'amour, voir même de l'affection qu'on me portait. Et pire, j'étais incapable d'aimer. Incapable de faire confiance, incapable de recevoir et encore moins de donner. La seule chose que je faisais : jouer avec les apparences. Combler les vides de ma vie. Eviter d'être seule avec moi-même. Je me savais capable de me faire du mal. Je savais également que le fait de vivre avec un représentant de la gente masculine me mettait à l'abri de D. J'ai longtemps eu peur qu'il revienne dans ma vie, m'agresse, m'enlève, me séquestre. Peur sans doute irraisonnée car aujourd'hui je sais que c'est un lâche, qui n'a su que s'en prendre à une femme menue et malléable et à une enfant déjà abimée. Mais la peur est souvent irrationnelle, et provoquée par un fait, un souvenir, une sensation. Alors je ressentais le besoin de ne pas être « seule dans la vie ». Pour autant je ne me sentais pas aimée, de personne.

La douleur affective c'est la solitude, c'est le constat qu'à force de protéger trois personnes des retombées d'un procès, je m'étais sacrifiée, je m'étais enfermée dans le mensonge pour ne choquer personne, pour avoir l'air normale, pour avoir un travail, pour avoir des amis, pour faire partie quand même de cette famille qui était finalement tout ce que j'avais. Puis par la suite, pour que mes enfants vivent une enfance normale dans une famille en apparence ordinaire. A force d'offrir à tous le visage qu'ils souhaitaient voir, personne ne me connaissait, personne ne me comprenait. Donc personne ne pouvait m'aimer, moi, mon vrai moi… Mais ce qui devient insupportable, c'est de se dire un jour qu'on ne mérite pas l'amour de ses enfants. Par moments je me suis sentie tellement monstrueuse que je me sentais illégitime en tant que mère. Il m'aura fallu atteindre l'âge de trente-huit ans pour regarder mes fils et me sentir une maman normale et à ne plus me sentir coupable de ne pas être une maman parfaite.

J'en arrive à la douleur physique.

Si une mère qui vient d'accoucher oublie rapidement les douleurs qui ont précédé cet instant magique où elle découvre le visage de son enfant, les douleurs associées à des tortures ou des viols ne s'oublient pas.

Je n'ai pas oublié. Vous décrire ces douleurs serait là encore difficile. Je n'ai pas envie de faire dans le trash, vous raconter le pire pour vous faire visualiser ce que j'ai vécu. Mais j'aimerais que chacun arrive à comprendre qu'un enfant qui ne se plaint pas n'est pas forcément un enfant qui va bien. Que les maux ne se voient pas forcément. Le viol entraîne des déchirures sur les parties intimes à l'intérieur comme à l'extérieur. Ces plaies brulent, notamment pendant la toilette au contact du savon, en urinant ou en allant à la selle. Le viol entraîne également des maux de ventre, comme des spasmes, qui font penser aux douleurs de coliques néphrétiques. Pour les autres types de violences, je n'ai pas envie de m'étendre sur le sujet non plus. Je crois que chacun est à même d'imaginer ce que fait un coup de pied dans le ventre ou dans les côtes, ou un coup de maillet sur un poignet. Mais j'aimerais décrire deux choses en particulier.

La tête dans l'eau. Sentir une main qui vous maintient par le cou tandis que de vos mains vous cherchez quelque chose pour vous accrocher, que vous contractez vos muscles de toutes vos forces pour tenter de relever la tête et la sortir de l'eau, quand vous sentez que l'eau est partout nez, bouche, gorge, oreilles, poumons et que votre cerveau devient lourd…Vous voulez mourir pour que ça s'arrête. Quand tout à coup on vous tire hors de l'eau, on vous assène quelques claques vous les sentez à peine car à demi conscient… Et l'eau essaie de se frayer un chemin dans votre corps alors que vous tentez de l'expulser, de reprendre votre souffle. Peur, froid. Je me sentais désorientée, j'avais du mal à respirer normalement pendant des heures. J'avais mal à la gorge, au ventre, dans la poitrine et à la tête, avec la sensation d'avoir une barre en travers du crâne. Ces séances-là ont eu lieu de nombreuses fois. Avant mes neuf ans.

L'asphyxie. Je ne sais pas combien de fois il a fait ça. Mais je me souviens de ce que ça fait. Je sentais mon cœur battre comme s'il cherchait à sortir de ma poitrine, une douleur grandissait dans tout mon corps, comme si celui-ci se repliait sur lui-même, j'avais l'impression d'être écrasée par une tonne de sable dans lequel je m'enfonçais, machinalement j'aspirais aussi fort que je pouvais mais cet effort faisait naître une douleur violente comme si on m'ouvrait le crâne en deux, comme si mes yeux allaient sortir de leurs orbites. Puis je sentais mon cœur ralentir, je sentais mon pouls dans ma tête, je l'entendais, lent mais fort, si fort que c'était assourdissant, j'avais l'impression d'avoir très chaud, trop chaud, et ensuite je ne contrôlais plus mes bras, mes jambes qui semblaient être du coton. Ensuite plus rien. Le noir. Une fois, ce passage au vide a duré assez long-temps pour que je ne parvienne pas à retrouver mes esprits. Je me souviens m'être « réveillée » sous la douche froide, je n'arrivais pas à bouger, j'avais mal un peu partout mais surtout à la tête, aux yeux, la lumière me faisait mal, je saignais du nez alors D m'a fait lever le bras et mettre la tête en arrière. Pendant plusieurs jours (je ne sais plus combien mais je me souviens que c'était long), j'ai eu mal dans la poitrine, les côtes, le ventre, des douleurs qui ne se soulageaient qu'au repos. Et à la suite de cet incident, les maux de tête étaient épuisants. D me demandait « ça va », je disais oui. J'ai commencé à faire des crises d'épilepsie peu après. Ma mère prétend aujourd'hui que je n'étais pas épileptique. J'ai pourtant eu un traitement de *Bella-denal* suivi ensuite de *Gardenal* qui a duré plusieurs années. J'étais en lasse de cinquième au commencement du *Belladenal*. Cette épilepsie a disparu pendant quelques années, ou en tous cas n'était pas identifiée comme telle car je pensais faire de simples malaises. Elle est hélas formellement réapparue il y a deux ans. Je suis de nouveau sous traitement. Il est difficile d'en connaître la cause avec certitude, mais il semble que les vio-lences que j'ai subies en sont l'origine, on me parle de « disso-ciation ».

Les séances de tortures physiques se déroulaient systé-matiquement en l'absence de ma mère, elle n'y a donc jamais assisté. C'est un fait. Je considère toutefois que l'état dans lequel elle me retrouvait à son retour aurait mérité qu'elle s'interroge sur les soins qui m'étaient dispensés en son absence. Je me souviens que j'ai souvent eu des comportements de repli sur moi, physiquement : je m'enroulais sur moi-même quand j'avais mal au ventre par exemple, ou je me couchais sur le canapé le visage dans les mains pour éviter la lumière. Je ne parle pas des différentes fois où mon état a justifié de m'emmener aux urgences où personne n'a jamais posé de question. Ma mère aurait dû se poser des questions sur les raisons de ces accidents dont j'étais victime, elle aurait dû réagir face à mon silence ou mes explications qui ne tenaient pas debout. Elle aurait dû prendre les choses en main au lieu de laisser D décider pour elle. Un jour il a lancé une assiette que j'ai reçue sur le nez. On ne m'a pas emmenée à l'hôpital, c'est D qui m'a prise dans ses bras, et m'a mis du mercurochrome sur la figure. Je ressemblais à un clown... Il s'est avéré qu'il m'avait cassé le nez. Ma mère ne s'en était pas rendu compte. Et comme je savais taire la douleur, c'est passé comme un bobo ordinaire.

Aujourd'hui, j'ai acquis la certitude que si elle ne réagissait pas, c'est qu'elle n'avait pas l'envie, le besoin, le courage ou la force de m'aider. Je sais qu'elle était enfermée dans sa propre douleur, sa détresse, sa peur. Mais peu importe le pourquoi elle n'a rien fait pour me sortir de là. Le fait est qu'elle m'a laissée supporter tout ça, et qu'aujourd'hui elle prétend être une mère irréprochable. Responsable de rien. Une mère est-elle une mère quand elle refuse toute responsabilité envers son enfant ?

Si je pouvais admettre l'idée qu'elle n'avait pas vu, n'avait pas compris, je refuse d'admettre qu'elle considère qu'elle n'était pas responsable.

Aujourd'hui, je souffre de différents maux qui sont les conséquences directes ou indirectes de ce que j'ai subi. Mes maux d'aujourd'hui m'empêchent d'oublier ce que j'ai vécu, car ils sont comme des piqûres de rappel... J'arriverais sans doute mieux à les supporter si ma mère n'avait pas eu la bienveillance de clamer que « tout ça c'est du cinéma, c'est psychosomatique, c'est pour attirer l'attention » ... Car pour elle, ce n'est pas possible.

La douleur, c'est aussi devoir faire face à la désillusion... Se rendre compte à quarante-et-un ans que celle en qui j'ai voulu croire, cette mère que j'ai voulue innocente, que j'ai défendue et protégée, refuse de croire ce que j'ai subi, et refuse d'admettre ses responsabilités. En bref, elle ne croit pas en moi autant que j'ai pu croire en elle. J'ai reçu une grande claque dans la gueule, j'en ai eu le souffle coupé, des douleurs dans tout le corps et le cœur en vrac quand j'ai appris ce qu'est la version de ma mère à mon sujet, ses doutes... Elle m'a mutilée, elle a enterré une partie de moi, de ma vie. Elle a enterré cette môme que j'étais. Pour ne pas avoir à assumer ses responsabilités. Mais cette vie, aussi moche et douloureuse soit-elle, était la mienne... Cette môme c'était moi. Cette petite fille c'était la sienne. J'ai le sentiment qu'elle m'a assassinée pour vivre en paix. C'est comme d'avoir le ventre ouvert et ne rien pouvoir faire pour empêcher le froid de me saisir. Cette douleur est vive, trop vive.

La résignation.

C'est une étape étrange. Une période où j'ai eu l'impression de ne plus rien sentir des douleurs physiquement. Je me sentais étrangère à moi-même. C'est arrivé parce que je ne savais plus rien. Je crois que j'étais tombée au fond du désespoir, au fond du trou.

J'avais voulu fuguer, mais ce n'était pas préparé, j'ai couru dehors car ma mère venait de découvrir que je n'allais plus à l'école depuis plus de six mois. Je ne savais pas comment expliquer que chaque matin je faisais semblant d'aller au collège, et que je revenais quand je savais que plus personne n'était là. Je ne supportais plus le regard des autres, je me sentais sale, différente, exclue, inutile, anormale. Je ne parvenais plus à faire semblant. Et j'espérais que quelqu'un allait prendre cette absence en considération, allait s'inquiéter de mon sort. Mais rien. Jamais personne n'est venu, n'a cherché à savoir où j'étais. Je me disais qu'ils devaient me croire morte.

Alors quand ma mère a su que je n'allais pas en cours (je ne me souviens plus comment elle l'a appris), j'ai pris la fuite, ne sachant pas comment réagir.

J'avais quatorze ans. J'ai erré dans les rues de Marseille. Je voulais prendre la route, partir retrouver mon vrai père, en espérant qu'il veuille de moi. Mais plus les heures passaient, plus je me rendais compte que c'était mal parti. Je n'avais pas d'argent, pas même une veste, je ne savais pas où aller ni comment, et j'étais inquiète pour ma mère et mes frères, je me suis dit que ça risquait de très mal se passer pour eux quand D serait rentré. J'ai commencé à douter de ce que je devais faire. Et je me suis mise aussi à espérer. Je me disais que D aurait peut-être compris que je n'en pouvais plus, et qu'il allait comprendre qu'il fallait me laisser.

J'ai fini par reprendre le chemin de l'appartement. Il faisait nuit, je ne sais plus quelle heure il était, mais j'avais froid, j'avais faim, j'étais épuisée. J'espérais que ma mère serait heureuse de me voir rentrer et que peut-être elle aurait prévenu la police et que j'allais sortir de cet enfer. J'espérais tout et rien, simplement une issue.

Mais ça ne s'est pas passé comme je l'espérais. D avait offert de l'argent à quiconque donnerait des infos à mon sujet. Et pour de l'argent, certains, même des gosses, seraient prêts à n'importe quoi. Alors une des gamines de mon âge que je côtoyais de temps à autre parce qu'elle était la sœur d'un copain de mon frère, cette ado à la réputation pas très nette avait trouvé comment gagner sa journée. Elle a raconté que j'étais amoureuse d'un gars qui habitait une cité voisine, et que je m'étais sauvée chez lui. Un arabe. C'est-à-dire qu'elle a donné à D tout ce qu'il avait besoin d'entendre pour avoir une raison de me faire du mal… J'étais une pute, une salope qui avait passé sa journée à se faire sauter par un arabe… Même ma mère a gobé l'histoire, c'était tellement simple comme explication…

Alors elle l'a laissé faire. Pendant des heures il m'a questionnée, en me donnant des coups de pieds dans les bras, les côtes. Mais ça ne suffisait pas, alors j'ai pris des coups dans la figure. Des coups de pieds dans les jambes. Ma mère regardait, le laissait faire. Il m'insultait, n'écoutait pas mes réponses. Je ne tenais plus ni debout, ni assise.

Finalement, comme je saignais, j'avais l'intérieur de la joue complètement ouvert, il a fini par se calmer, et ma mère a lâché un « bon bah ça suffit, elle a compris ».

Le lendemain matin, ma mère a levé mes frères, c'était la fête de fin d'année de leur école.

Elle les a emmenés. Pendant qu'ils étaient partis, D m'a sortie du lit, m'a battue de nouveau, m'a violée, et a dit « essaie encore une fois de t'en aller, et tu retrouveras ta mère et tes frères dans une mare de sang. T'entends ? Je les égorgerais et ensuite je me foutrais une balle dans la tête et tu vivras avec ça, c'est toi qui les tues si tu pars encore une fois ». Il m'étranglait en disant ces mots, en me regardant dans les yeux. Ses yeux... Des yeux de fous.

Ensuite il m'a demandé de venir prendre le petit déjeuner, et a convié quelques voisins à venir voir... J'étais à table, et certains de nos voisins défilaient, la porte d'entrée était ouverte. J'avais le visage tuméfié, mes bras découverts portaient de larges hématomes. Et D se vantait de m'avoir fait valser de ma chaise avec un coup de pied, se vantait de savoir me corriger.

Personne n'a rien fait pour me venir en aide. Personne ne m'a regardée dans les yeux. Personne ne lui a dit qu'il n'avait pas le droit de me traiter comme ça. Mais tout le monde avait peur de lui, et personne ne voulait avoir d'emmerdes.

Alors là j'ai compris que je n'étais plus de ce monde, que j'étais belle et bien morte, mais que ça ne se voyait pas.

Je suis devenue une poupée de chiffon. J'ai arrêté de dire « non ». J'attendais.

Je n'imaginais plus que la vie puisse être autrement. Je faisais ce qu'il me demandait de faire, je disais ce qu'il voulait que je dise.

J'ai cessé de considérer que ma mère pouvait souffrir de me savoir malheureuse. J'ai compris qu'elle ne ferait jamais rien pour m'aider.

Cette période a duré des mois. Je ne sais pas ce qui m'en a fait sortir. Je ne peux pas dire que je souffrais, c'était pire, je n'étais plus qu'une coquille vide. J'ai trompé tout le monde en laissant croire que j'allais bien, et personne n'a d'ailleurs cherché à savoir.

Le mensonge.

J'ai grandi dans le mensonge. Pas seulement parce que je devais mentir et cacher ce que je subissais, mais aussi parce que je voyais ma mère mentir, je voyais D lui mentir et mentir à tout le monde, et finalement je voyais presque tout le monde avoir quelque chose à cacher...

Lorsqu'on est môme, on fabrique ses valeurs au travers de celles que nous enseignent nos parents, ou en tous cas ceux qui en ont le rôle. Si l'on apprend à un enfant que mentir est à la fois normal et obligatoire, pourquoi l'enfant voudrait dire la vérité ? Parce qu'elle fait souffrir ? Oui mais...

C'est moi qu'elle faisait souffrir cette vérité, et tout le monde semblait s'accommoder du mensonge. Moi j'avais peur de ce qui pouvait m'arriver. Alors dire la vérité... A qui ? Pourquoi ?

Ma mère mentait, elle cachait ses hématomes sous des lunettes de soleil et quand quelqu'un s'en rendait compte elle ne disait pas « D m'a frappée » mais « je me suis cognée ». Ma mère volait à l'étal aussi, je me souviens qu'elle avait volé un sac à main chez Prisunic avec sa belle-sœur. Et quand elle était enceinte elle volait des fruits en passant devant le primeur. Tout ça je le voyais, je le savais. Je savais qu'elle mentait à ses parents, à ses frères et sœurs, aux voisins et à ceux qui étaient désignés « amis ». Elle mentait sur sa condition, mais je savais qu'elle n'était pas toujours sincère dans ses « amitiés ». Elle pouvait passer deux heures avec une voisine et la critiquer une fois que cette dernière avait passé la porte.

Depuis toujours donc, je sais que ma mère est une menteuse. Elle a aussi escroqué la vieille dame chez qui elle faisait des ménages en lui dérobant des bons du Trésor. Alors oui, cette vieille-là était digne de la sorcière des plus affreux contes pour enfants. Ma mère était traitée comme une esclave, alors que finalement, sans elle cette vieille garce serait morte dans sa merde. Ma mère travaillait là-bas parce qu'elle n'avait pas d'autre choix, c'était très dur et très peu payé. Mais que ce vol ait pu être présenté comme légitime ou pas, c'est du vol.

Ma mère a également tenté d'empoisonner D. Je le savais et elle m'avait même rendue complice en me demandant de faire comme elle : mettre un médicament dans son pastis. Evidemment, ça ne l'a pas tué, mais l'intention y était. La même intention que j'avais eue.

Bref, ma mère n'a jamais été vraiment innocente. Je l'ai toujours su. Mais c'était ma mère. Alors comme tous les enfants du monde, je pensais qu'elle avait ses raisons, et je lui trouvais des excuses, des raisons valables… Et je mentais à mon tour pour ne pas la trahir.

Je me souviens qu'un jour, mes tantes et moi étions allées en visite chez mon arrière-grand-mère, cette dernière m'avait questionnée et j'avais répondu naturellement à ses questions… Mais je n'aurais pas dû. Et en sortant, ma tante a dit « il ne faut pas dire ça, il ne faut pas parler de ces choses-là » … Ces choses-là ? Des questions au sujet de ma mère et de D… J'avais dit qu'il était méchant et qu'il criait. C'était au tout début. Donc, il ne fallait pas parler de ces choses-là… Mes tantes étaient à peine plus âgées que moi. J'imagine que pour elles il n'y avait rien d'alarmant dans tout ça…

D… Il mentait tout le temps, à tout le monde. Il manipulait les gens. Il était fort pour embobiner les gens, mais vous savez ce qu'on dit : au royaume des aveugles… Et il se faisait un malin plaisir d'étaler sa science devant les personnes moins instruites ou simplement plus faibles que lui. Mais il mentait. Par exemple, il racontait à qui voulait l'entendre qu'en mai 1968 il était sur les barricades à Paris… En réalité, il était dans le Larzac avec son frère aîné et volait des poules… Il racontait des exploits qui variaient à chaque nouveau récit et en fonction des gens. Il mentait parce qu'il était frustré de cette vie de merde qui était la sienne. Il aurait aimé être quelqu'un d'important, de passionnant, il aimait être admiré, envié… Mais il n'avait rien d'enviable : moche, gros, un emploi payé un peu au-dessus du smic, une famille de merde, un appartement en hlm dans une cité de merde, un artiste raté : il savait dessiner mais le talent va au-delà du savoir-faire, il faut un regard, une âme, lui n'était que copieur, quand il disait avoir créé ce n'était que plagia… Cet homme-là, médiocre parmi les médiocres aurait voulu sortir du lot. Alors il faisait semblant. Il dépensait de l'argent qu'il n'avait pas pour avoir une belle voiture, un beau magnétoscope, un beau blouson en cuir, … Il portait du parfum très cher, jouait aux jeux d'argent, mangeait au resto le midi… Des apparences.

Il parlait très bien, alors il endormait facilement les imbéciles. Mais il mentait.

J'étais contrainte de mentir. D'une part, je n'avais pas le droit de dire ce qu'il me faisait. D'autre part, comme je l'ai écrit plus haut, si je ne devais pas dire ce qui m'arrivait, je devais aussi surtout avoir l'air normal... Il fallait bien que je fasse semblant. Sourire, jouer, être une enfant normale. Mais c'est quoi une enfant normale ? Je ne savais pas en fait. Et plus je grandissais, plus je sonnais faux, et donc plus j'étais isolée des autres. On me trouvait bizarre. Et beaucoup me soupçonnaient de mentir d'ailleurs. Alors j'ai appris à ne plus rien dire d'autre que ce que les autres voulaient entendre.

Des années entières j'ai fonctionné comme ça. Je ne m'exprimais pas moi, j'exprimais le reflet des attentes des autres : ma mère, mes frères, D, puis tous les autres, tous ceux que je croisais, côtoyais... TOUS.

Il n'y avait pas chez moi l'intention de me faire passer pour mieux que ce que j'étais, ni même l'intention de mentir pour mentir. D'ailleurs il m'est arrivé de me faire passer pour une idiote pour avoir l'air à ma place ! Mais je ne savais pas fonctionner autrement parce que je ne pensais pas à moi, mais aux autres. Ne pas dire, cacher, pour éviter de blesser, pour éviter d'attirer les emmerdes.

Ensuite, j'ai menti pour avoir la paix. Ne pas parler de mon enfance était plus facile, je mentais pour ne jamais avoir à aborder ce sujet douloureux : j'étais orpheline, donc il ne fallait pas me parler de famille. A cette famille, je mentais aussi pour avoir la paix. Le hasard a toujours conduit mes pas vers les écorchés vifs, les gens différents, et bien entendu ma chère maman aurait trouvé là un moyen de critiquer ma vie, mes relations, mes amis... Comment expliquer « je fréquente une lesbienne, mon meilleur ami est gay, j'aime un mec qui boit et qui fume des joints en composant de la musique et j'aime me mettre la tête à l'envers avec une bouteille de rhum » ? Dire ça à ma mère était le meilleur moyen pour qu'elle me juge, et me fasse la morale...Non seulement elle n'était pas prête à envisager que cette vie-là n'avait rien de dommageable, mais en plus elle aurait seulement pensé que je fréquentais des gens « pas normaux » parce que je n'étais pas normale. Je savais que D serait informé, car même quand ma mère l'a quitté, mes frères lui rapportaient mes faits et gestes. Je pense qu'ils n'avaient pas conscience que je ne voulais pas qu'il ait un quelconque aperçu de ma vie. Je ne voulais pas qu'il m'appelle pour me harceler, m'insulter, me menacer... Il se serait servi de ma vie pour tenter de démontrer que j'étais dingue et lui un pauvre malheureux...

J'ai donc construit une partie de ma vie d'adulte sur des mensonges, avec le sentiment que c'était mon seul et unique choix.

Forcément, c'est un choix qui mène droit dans le mur. Comme je mentais à tout le monde, personne ne me connaissait vraiment, donc personne ne m'aimait vraiment. Je me cachais la vérité, je me berçais d'illusions pour survivre, pour surmonter ma mémoire, mes cauchemars, me rassurer et avoir le sentiment que tout ça ne m'avait pas détruite. Je voulais être fière d'être comme tout le monde, je voulais que ma mère soit fière de constater que j'avais eu la force de m'en sortir et de réussir ma vie, je voulais que mon père me reconnaisse enfin, qu'il soit fier que je sois sa fille, je voulais que le monde entier sache que finalement, je n'étais pas cassée, que j'allais bien et que j'étais heureuse.

Mensonges…

Tout ça n'a fait que me mener à une solitude extrême. Et malheureusement, le seul à qui j'avais eu le cran de raconter un peu de ma vie s'en est servi contre moi, c'était mon premier mari, le père de mes fils, et pendant notre divorce il s'est servi de mon enfance pour prétendre que j'étais un danger pour mes enfants car en enfant maltraitée que j'avais été, j'étais devenue une mère qui risquait de reproduire les violences… J'ai amèrement regretté la vérité que je lui avais confiée, ce qu'il en a fait a simplement été un coup de poignard dans le dos. Aujourd'hui, je sais qu'il regrette, qu'il a agi comme ça par bêtise et qu'il a été mal conseillé, notamment par ma chère famille… J'ignorais jusqu'à il y a peu, à quel point mon frère a utilisé mon divorce pour en tirer profit, à quel point il m'a salie, trahie pour finalement escroquer cet ex-mari qu'il prétendait être comme un frère… Ma mère également, qui clamait qu'il était comme un fils, le soutenait en apparences, a fini par dire de lui les pires horreurs. Et elle a révélé un jour qu'elle ne l'avait jamais cru « normal », qu'il n'était pas franc et un peu « bébête ». Donc toutes les années où elle le portait aux nues n'étaient que jeu de complaisance. Mensonges encore et toujours.

J'avais réussi à parler de mon enfance dans une association de lutte contre la maltraitance des enfants. Mais c'était dans un contexte particulier, un besoin d'aide psychologique, et besoin de justice aussi. J'ai appris ma première grossesse à ce moment-là, alors par peur de vivre une grossesse tourmentée et de mettre en péril la vie de mon bébé, j'ai abandonné mes démarches de procès. Ce procès m'aurait amenée à faire savoir tout ce qui m'était arrivé, et aurait sans doute valu à ma mère des poursuites pour non-assistance, privation de soins, abandon et complicité de maltraitance. C'est ce que voulaient les personnes qui m'ont écoutée. Que D soit condamné à plusieurs années de prison, mais que ma mère n'échappe pas à la justice. Je n'étais pas prête à lui reconnaître une quelconque part de responsabilité. A cette époque, je la voulais innocente, je voulais juste qu'elle soit ma maman. Je ne réalisais pas tout, et surtout pas que j'étais encore une enfant cassée. J'ai cru que ma grossesse, que mon bébé m'offrirait une nouvelle vie. Mais ce n'était pas possible, on ne peut pas s'épanouir quand on a tant de douleur à cacher et que ceux qui devraient nous soutenir n'ont comme seul désir que celui de maintenir leur tranquillité tellement attendue. Alors le mensonge a perduré, car ce n'était pas le bon moment pour dévoiler la vérité.

Et puis... Quand on a été baigné dans le mensonge depuis le plus jeune âge, quand il a été à la fois ennemi et ami, quand l'image parentale est déformée par le mensonge, alors on pense, tout naturellement que tout le monde ment. Et l'on ne peut accorder sa confiance à personne, on ne peut croire en rien, car on se dit que rien n'est vrai, tout n'est qu'illusion et que c'est celui qui crée la plus belle illusion qui s'en sort le mieux dans la vie. C'est un système de pensée qui mène à la solitude, encore. J'ai pensé comme ça longtemps. Trop longtemps.

Par la suite, j'ai suivi une thérapie avec un psychiatre. A lui, j'ai tout raconté, et il m'a fait prendre conscience d'une chose : je n'avais rien à me reprocher. C'est avec lui que j'ai pris conscience que je suis une personnalité morcelée, que je souffre du syndrome d'abandon, que je suis en recherche permanente d'affection, de reconnaissance, et surtout que je suis LA victime. Il m'a fait comprendre que ce n'est pas à moi de me soucier du sort de ma mère car c'était à elle de se soucier du mien, qu'elle a failli, autant que mon père à son devoir de parent. J'ai compris à quel point ma mère s'est déchargée de ses responsabilités sur mon dos. Compris, mais pas admis. Car quand on aime sa mère, on la veut belle, innocente, on veut simplement croire qu'elle nous aime et ne nous ferait pas de mal. J'y ai cru. Alors tout ce qui était évident la concernant, je le balayais et le mettais sous un tapis, refusant obstinément de considérer qu'elle avait failli à son rôle. J'ai refusé que quiconque ose la critiquer, l'accuser, la dénigrer. Je me suis donc menti à moi-même, car dans le fond, je le sentais bien qu'elle me mentait. Je le sentais qu'elle doutait de moi, qu'elle cherchait toujours à savoir si je lui en voulais et à quel point... Pourquoi se serait-elle posée ces questions si elle n'avait rien à se reprocher ? J'ai donc refusé la vérité, car elle était trop douloureuse. Parce que durant des années, je m'étais accrochée à l'idée que j'étais aimée d'une mère qui était victime autant que moi, qui souffrait autant que moi. J'ai voulu croire à cette vérité là parce qu'elle était moins douloureuse, plus propre... Mais je continuais à souffrir du doute.

C'est pour ces raisons qu'un jour, j'ai décidé de ne plus mentir, et tout raconter sans me cacher. Une fois, une seule, tout dire peu importe la suite...

C'est sur cette base, cette idée de pouvoir tout dire, peu importe les conséquences que j'ai rencontré l'homme avec qui j'ai reconstruit ma vie. Sur un forum musical, derrière un écran et un clavier. Il existait une rubrique sur ce forum, le « sombre exutoire », destinée à y vider son sac. Un soir où j'allais mal, j'y ai écrit ce que j'avais sur le cœur. Et il l'a lu, l'a compris. Nous avons commencé à échanger par mails, et à chaque fois que je lui écrivais, je lui en disais plus en pensant « il ne le supportera pas, il va m'envoyer balader ». Mais au lieu de ça, il me répondait, me comprenait, et il s'est mis à m'aimer : il s'est mis à aimer celle que j'étais dans mon cœur, ma tête, il m'a aimée moi. Avec ces horreurs que je cachais à tous, avec ces peurs, ces douleurs... Il m'a tendu la main, et j'ai osé accepter son amour. Au fond de moi je sentais également que s'il y avait au monde une seule personne capable de m'aimer : c'était lui. Nous avons fini par nous rencontrer physiquement, pour savoir si l'amour virtuel pouvait se concrétiser. Nous ne nous sommes plus quittés. C'est le fait de dire la vérité à mon sujet qui m'a permis de devenir heureuse.

La vérité est donc la seule et unique option pour avancer. C'est la seule qui puisse me permettre de ne plus me sentir monstrueuse. Car ce sont les monstres qui mentent. Les innocents n'ont pas besoin de mentir.

Mais la vérité est fragile. Ma vérité, c'est ma parole, c'est tout ce que je peux offrir. Ma mère a récemment demandé que je prouve ce que je dis. Elle sait que c'est matériellement impossible. Les faits sont trop vieux. Alors aux yeux de mes frères, sa parole vaut mieux que la mienne. Même si je leur démontre que ce qu'elle dit est incohérent, ils refusent de l'admettre.

Récemment, elle m'a dit : « pourquoi tu ne veux pas d'une confrontation avec lui ? On y va, avec tes frères, tu t'expliques devant tout le monde et on verra ». Je trouve ça abject de me demander de devoir m'asseoir en face de lui, plus de vingt ans après, pour « m'expliquer ». C'est faire clairement savoir à D que personne ne me croit. C'est lui donner l'occasion de me salir, car pourquoi admettrait-il aujourd'hui ce qu'il m'a fait ? Quel intérêt aurait-il à reconnaître qu'il a été un monstre alors que visiblement, mon statut de menteuse lui permet de mener une vie tout à fait paisible ? Alors j'ai refusé cette confrontation qui à mes yeux ne serait qu'une mascarade de plus, un coup de plus. Comment saurais-je m'asseoir en face de lui d'ailleurs ? Comment le regarder mentir sans avoir envie de le tuer ? Comment ? Et pourquoi, puisque cette confrontation a eu lieu lorsque « l'affaire » a éclaté… Il a tout reconnu, a demandé pardon, a pleuré… Alors pourquoi ? Si ce n'est la volonté de me faire du mal, de prouver à mes frères que je suis folle ?

Il n'existe pas pire aveugle que celui qui ne veut pas voir. Pour voir la vérité, il faut le vouloir et être prêt à en accepter les conséquences. Car accepter de remettre en question ce que l'on prenait pour acquis, accepter de percer un abcès c'est accepter de se faire du mal. Pour cela, il faut être motivé, avoir une raison de vouloir regarder les choses en face. Ni ma mère, ni mes frères n'ont d'intérêt à admettre que ce que je dis est vrai. Je pense qu'ils le savent, mais qu'ils le refusent. Et je le comprends. Finalement, à leur place aurais-je eu le courage de regarder froidement cette vérité, si moche, si douloureuse, si contraignante ?

La vérité amènerait bien des difficultés à mes frères, dans leur vie amoureuse, familiale, et même professionnelle… Qui a envie de dire « mon père est un monstre pédophile et il n'a jamais été puni de ce qu'il a fait subir à ma sœur » … Aujourd'hui, je ne fais plus concrètement partie de leur famille, ils n'ont plus à expliquer quoique ce soit. Le plus jeune de mes frères a nettement mis une barrière entre sa vie et moi, je reste sa sœur, mais de loin. Il m'aime, mais ne veut plus d'implication avec moi.

Quant à ma mère… Bien entendu, sa position aujourd'hui est nauséabonde. Qu'elle ose prétendre que je transforme la vérité alors même que c'est elle qui tente de toutes ses forces de préserver les apparences dans le seul but d'être une femme respectable… Depuis qu'elle est devenue « Madame l'épouse du commissaire de police en retraite » son discours a radicalement changé… Qu'a-t-elle à gagner à admettre qu'elle a été autrefois l'épouse d'un monstre, qu'elle l'a laissé martyriser sa propre fille, et qu'elle n'a jamais rien fait pour envoyer ce criminel en prison ? Le regard de ses nouvelles belles-filles est bien plus important que moi… Elle fait à présent partie d'une famille « propre » … Si l'on oublie qu'avant d'être l'épouse de cet homme elle a été sa maîtresse pendant dix ans, alors qu'il était encore marié. Elle est en effet irréprochable. Pour elle, la vérité n'a aucun intérêt. La vérité est aussi très flexible la concernant, car elle s'en sert pour se faire plaindre quand ça l'arrange, la nie en bloc lorsque ça devient un problème. J'ai longtemps cru ma mère, sur tous les sujets, surtout concernant mon père. Aujourd'hui, en découvrant la manière dont elle s'est servie de mon histoire, comme elle l'a ensuite niée, transformée, puis rejetée, je doute de tout ce qu'elle a pu me raconter concernant mon père, la période avant son départ et surtout : mon père m'avait dit qu'il avait tenté à plusieurs reprises de me voir quand j'étais petite, il m'a parlé notamment d'une fois où personne n'avait voulu lui ouvrir la porte. Je sais que ma mère a fait condamner mon père pour non versement de la pension alimentaire, lui m'a un jour expliqué qu'il avait cessé de payer car elle l'empêchait de me voir. Ce n'est pas cette version que me racontait ma mère… Bref, mes rapports plus que difficiles avec mon père (que j'ai pu rencontrer à l'âge de dix-neuf ans), ont toujours été minés par ma mère. Je ne l'ai compris que trop tard. J'ai donc le sentiment qu'en plus de mon enfance, mon adolescence, une partie de ma vie, ma santé, mes rêves, on m'a aussi volé le père que j'aurais dû avoir. Evidemment, je ne peux avoir aucune certitude, les dés sont jetés depuis trop longtemps. Mais c'est ce que représente ma mère aujourd'hui : une vie de mensonges.

Pour moi, la vérité est comme le ciel bleu, elle m'apaise, me libère, me permet de ne plus avoir honte d'avoir à cacher quoi que ce soit. La vérité me donne la force d'être fidèle à la petite fille morte dans cette salle de bain. Ce n'est pas tant pour l'adulte que je suis devenue que j'ai besoin de dire la vérité, mais pour cette enfant que j'étais et dont l'avenir a été anéanti ce jour-là. Pour elle, je ne veux plus mentir.

Mais quand on a menti longtemps, souvent, le jour où l'on dit la vérité, personne ne veut, ne peut plus l'entendre. Car il est facile de dire « qui nous dit que tu ne continues pas à nous mentir ». Ce qui le dit : ma vie. Je mène une vie stable depuis sept ans. Je pense que ce devrait être un signe suffisant pour comprendre que jesuis enfin ancrée les deux pieds dans le monde réel.

La confiance.

Forcément, je n'ai pas appris à faire confiance, ni aux gens, ni à la vie, ni à rien.

J'ai même été élevée dans l'idée que personne n'est digne de confiance, pas même et surtout moi, puisque je faisais partie du mensonge, du moche.

Je n'avais pas confiance en ma mère. Non pas que je pensais qu'elle me mentait et encore moins qu'elle était complice de ce qui m'arrivait. Mais je la pensais faible, et incapable de s'occuper de moi, donc je ne pouvais pas compter sur elle pour sortir de l'enfer. Je savais qu'elle ne saurait pas. A plusieurs reprises j'ai espéré le contraire, je l'ai testée. Mais jamais je n'ai réussi à croire en elle. Elle n'avait pas la capacité de décider, d'anticiper et d'assumer les conséquences de ses choix. Bien entendu, je ne savais pas mettre des mots sur ces impressions quand j'étais môme, pourtant je le sentais vivement au fond de moi : elle n'avait pas la force, la lucidité. Elle subissait sa vie et les évènements, presque résignée.

La confiance n'a longtemps été qu'un mot inutile pour moi. Je ne la cherchais pas plus que je la donnais. Ce n'était pas important pour moi, donc je ne me posais pas la question de savoir si j'avais confiance ou pas en quelqu'un. Je me contentais de savoir que personne ne devait m'approcher assez prêt pour pouvoir me faire du mal. Poser une limite physique et relationnelle était mon mode de fonctionnement.

C'est avec l'un de mes compagnons que j'en ai appris le sens. Il avait compris que je me cachais derrière des mensonges, que je ne voulais pas me dévoiler. Il savait que je faisais des cauchemars, que j'avais de terribles moments d'angoisse. Alors un jour il a pris mes deux mains, les a posées sur sa poitrine, et m'a dit « tu sens ? J'ai un cœur, ce que je ne vois pas je le ressens. Je sens que tu vas mal, et je souffre de ne pas pouvoir t'aider. Mais je ne peux pas t'aider si tu ne me fais pas confiance, si tu ne me parles pas un peu de toi ».

Ce moment-là a été un choc, une électrocution. J'ai compris que pour pouvoir parler de moi, et donc me libérer du poids que je portais, je devais accorder ma confiance à quelqu'un. C'est-à-dire ôter la limite, faire tomber le blindage. Le problème, c'est que j'étais toujours torturée par le doute, et donc j'avais peur : de le décevoir, ou que mes mots se retournent contre moi, lui offrant de quoi me faire souffrir, ou qu'il ne me croie pas.

C'est donc à petites doses, par étape que j'ai appris à faire confiance.

Je suis devenue une personne qui n'accorde pas facilement sa confiance, je m'efforce toutefois de me dire que jusqu'à preuve du contraire, *l'autre* ne me veut pas de mal.

Mais je dois bien admettre que la confiance reste un point sensible. Je suis capable de rayer de ma vie sans le moindre remord une personne qui trahit ma confiance. Il me faut vraiment une bonne raison pour ne pas jeter au rebus une personne qui abuse de ma confiance. Sans doute justement parce que j'ai eu du mal à détruire le mur que j'avais construit autour de moi.

Et la confiance c'est aussi avoir confiance en soi. C'est même surtout avoir confiance en soi ! Donc, il faut être passé par les différents stades de reconstruction pour parvenir à se faire confiance.

C'est une fois débarrassée d'une certaine honte, du sentiment de culpabilité, c'est après avoir obtenu certaines réussites (personnelles ou professionnelles), que j'ai commencé à prendre confiance en moi.

La confiance en soi donne des ailes, elle permet de panser peu à peu d'autres blessures, de retrouver une estime de soi.

Et avoir confiance en soi c'est enfin se permettre d'être soi-même, sans avoir à se cacher, sans avoir à être quelqu'un d'autre. C'est pouvoir comprendre que si l'on a confiance en soi, les autres peuvent nous accorder leur confiance, et recevoir la nôtre. La confiance se partage, crée des liens, et rassemble.

Aimer.

Comme je l'ai déjà écrit, D me répétait sans cesse qu'il m'aimait, et que c'est pour cette raison qu'il était obligé de me punir. Il me répétait qu'il ne me violait pas, mais qu'il me faisait l'amour.

Alors qu'il battait ma mère, l'insultait et la réduisait à l'état de zombie, il disait qu'il l'aimait.

Il traitait mon petit frère de bâtard (il a longtemps soupçonné qu'il était en fait le fils de mon père). Il le traitait de « connard de footballeur », et lui mettait des raclées monumentales. Mais il disait qu'il l'aimait.

Mon autre petit frère, le plus jeune, a été moins victime de sa violence. Il avait été désiré, c'était un petit bonhomme magnifique et calme. Mais plusieurs fois D l'a traité de « pédé », pour ensuite dire de lui qu'il était sa fierté, et qu'il l'aimait...

Je me souviens d'un certain Noël, où l'ambiance était très tendue (quand D était en vacances et présent tous les jours, c'était insupportable !). Il buvait à longueur de journée, allongé sur le canapé, rarement lavé, il regardait la télé en fumant cigarette sur cigarette, son verre à portée de main. Il lui est arrivé de battre ma mère durant cette période, de passer son temps à hurler, de me traiter comme un animal, pour finalement, le soir du réveillon, à minuit, organiser une pseudo-cérémonie de pardon... Nous devions tous nous tenir les mains, il nous expliquait qu'il nous aimait, et que nous étions une famille, bla bla bla...

J'avais envie de le tuer, lui faire avaler sa langue. Quelques heures avant il m'avait violée, avait menacé d'égorger ma mère, et là en face de moi il promettait de veiller sur nous pour toujours, de s'occuper de nous, et de faire attention à ne plus nous faire de la peine... Dans son discours mielleux, je discernais sa manipulation évidente : auprès de ma mère et mes frères, se faire passer pour un homme bon, qui malgré des excès de colère était finalement dévoué à sa famille. Moi j'entendais surtout : « je vais m'occuper de vous, pour toujours » ... Et je le haïssais encore plus, car entre les lignes il y avait un message personnel, adressé à moi, une mise en garde dans sa démonstration d'affection puante, car en prenant la main de mes frères et de ma mère, il me montrait ceci : ils sont à moi et j'en fais ce que je veux.

Donc, il nous aimait. Il m'aimait. Et personne d'autre que lui ne m'aimait.

Ma mère me parlait très souvent de sa belle histoire d'amour avec mon père. Mais cette histoire avait mal fini, ma mère avait eu le cœur brisé. Elle disait ne jamais avoir aimé D pourtant elle était mariée avec lui et acceptait sans jamais broncher toutes ses violences. Elle nous aimait mes frères et moi mais nous devions subir cette ambiance sordide... Pour notre bien, pour avoir un père, un toit.

A votre avis, quelle idée pouvais-je avoir de l'amour ?

Les violences, les insultes et la douleur étaient la manifestation de l'amour. L'amour faisait mal, écorchait le cœur. L'amour était donc un sentiment douloureux, malsain, nauséabond. Forcément, je n'en voulais pas.

J'ai grandi en me disant que je n'aimerai personne. Jamais. Et que par-dessus tout, je ne me laisserai jamais aimer à nouveau.

J'ai commencé par désaimer ma mère. Puis mes frères. Les désaimer mais pas les oublier ou les abandonner. Non pas que leur sort ne m'importait plus, bien au contraire, mais je devenais pragmatique, organisée. Je ne devais plus les aimer, pour ne pas avoir mal, et pour ne pas leur faire de mal. Mais je veillais sur eux. Je me sentais responsable de leur avenir, de leur bien-être. J'ai continué de me taire, de subir en silence pensant que c'était la seule manière pour qu'eux aient la paix. J'ai construit une muraille infranchissable autour de mon cœur, pour que plus personne n'y accède. Et que rien n'en sorte. Je vivais mécaniquement, souriant quand il le fallait, je savais le faire, je savais tenir mon rôle à la perfection. Mais une nouvelle fois, je m'isolais dans une perversion infernale : j'ai commencé à ne plus rien ressentir. Rien. Pas même la douleur, la peine, et même le désespoir n'était plus permanent. J'étais une marionnette sans âme, je donnais satisfaction à mon entourage, et je me foutais finalement d'être aimée, l'important étant de rester en vie. J'ai cessé d'aller à l'école, car c'était le seul endroit où je ne parvenais pas à donner le change, je restais la fille bizarre, et étrangement, les ados de ma classe étaient les seuls à parvenir à me faire du mal : ils me montraient clairement que j'étais seule.

Alors qu'au sein de mon foyer, tant que je donnais l'apparence d'une fille parfaite, on me faisait exister.

D ne s'est rendu compte de rien concernant mon jeu. Je crois qu'il a pensé qu'il avait gagné, et que j'avais fini par l'aimer, j'étais devenue docile. Mais je ne pensais qu'à la manière de le tuer, ou de me tuer.

Par conséquent, quand j'ai connu la liberté, il m'a été difficile de considérer que l'amour pourrait faire partie de ma vie. Je n'aimais pas : j'utilisais. Lorsque j'ai compris que l'on me trouvait jolie, gentille, je me suis servie de ces atouts pour être toujours accompagnée d'un homme. Je savais que pour tenir D à l'écart, il fallait un homme auprès de moi. Car je l'avais enfin compris : D était lâche. Jamais il n'aurait osé affronter un homme, ni verbalement, ni physiquement.

J'ai donc eu des relations avec des hommes, uniquement dans le souci de ne pas être seule. Et comme je n'aimais pas la solitude, qui me contraignait à me retrouver face à moi-même et donc à me torturer l'esprit à cause des souvenirs, des questions, des doutes, j'ai commencé à m'entourer de beaucoup de copains, copines, amis. J'avais enfin compris comment faire pour ne plus être la fille bizarre : être bien habillée, parler beaucoup, de tout, sourire, complimenter les autres, rendre service, avoir un boulot sympa, bref : avoir l'air heureuse. J'ai eu comme ça de nombreux amis, qui voyaient en moi une fille originale, délirante, dynamique, forte…

Mais certains avaient appris à me regarder dans les yeux, et à y voir autre chose que les apparences. J'ai donc commencé à avoir des amis plus proches, à qui je confiais des bribes de ma vie. Des miettes de moi, en vrac. Mais pas trop. Je ne voulais pas les voir s'enfuir, mes amis étaient devenus indispensables à mon équilibre. Mais comment leur dire : je ne suis pas celle que j'ai l'air d'être… J'étais donc entourée, mais seule. Et surtout, je refusais systématiquement toute idée d'amour…

Et j'ai fini un jour par me rendre compte que je n'aimais personne. Vraiment plus personne. Personne ne m'aimait, puisque personne ne me connaissait réellement.

L'amour a été une prise de conscience, un besoin, de manière subite, il m'était devenu indispensable de me faire aimer, et de trouver quelqu'un à aimer.

Pour me faire aimer, il fallait que je n'aie plus à mentir, que je sois moi-même. Et pour aimer je devais avoir face à moi quelqu'un qui ne me jugerait pas.

Mais je ne pouvais pas me résoudre à parler. Je n'aurais pas su aller voir ma mère et lui raconter comment je vivais, réellement. Nous étions séparées par des kilomètres, elle et mes frères vivaient dans des conditions difficiles, je n'avais pas envie de lui dire à quel point ma vie n'était pas ce qu'elle croyait (que je sortais, que je buvais, que je fréquentais des gens qu'elle aurait qualifiés d'infréquentables), et aussi, surtout : je n'avais pas confiance en elle.

Je ne pouvais pas non plus me résoudre à me raconter à mes amis. Ils pensaient que j'étais orpheline… Que j'avais vécu dans des familles différentes, que j'avais eu un parcours un peu dur, mais normal quand on n'a plus de parents… Comment leur dire : je vous ai menti. Et comment leur expliquer l'horreur que j'avais vécue ?

Alors, il m'est venu une idée, une sorte de sortie de secours : pour vivre, il fallait que j'aime une personne, et qu'elle m'aime, sinon la vie n'avait pas de sens. Une personne qui me fasse repartir à zéro. Et la solution était simple : il me fallait un bébé. Un enfant que j'aimerais, que je protègerais, que je chérirais et que j'aiderais à devenir une personne hors du commun. C'est là que j'ai commencé à tout mettre en œuvre pour devenir maman. J'ai été récompensée par un magnifique bébé, qui n'est pas arrivé sans mal. Mais j'ai, pour qu'il vienne au monde, menti, utilisé un homme qui finalement n'allait pas vraiment mieux que moi, que j'ai épousé tout en sachant que je ne l'aimais pas mais que j'avais besoin de lui. Il me donnait une place dans la société, une famille, et un statut de maman qui clamait au monde entier : je suis normale !

J'ai tout de suite aimé cet enfant. J'ai envie de dire qu'il m'a sauvé la vie. Avec lui, j'ai découvert l'amour. J'ai eu envie très vite d'avoir un deuxième enfant, pour qu'il ne soit pas seul. Je me souvenais de ces liens qui nous unissaient mes frères et moi, longtemps auparavant… Je voulais que mon fils ait un frère.

J'ai recommencé à aimer ma mère, mes frères, et je me suis rendu compte que j'aimais mon père.

J'ai compris que l'amour de ma grand-mère m'avait nourrie d'une force indélébile, que l'amour qui unissait mes grands-parents était un bonheur tangible, et que donc, l'amour existait bel et bien...

Mais en comprenant tout ça, je me suis hélas souvenue que je n'étais pas digne de cet amour. Parce que j'étais toujours un monstre, j'étais toujours une personne avec de multiples vies. J'étais partagée entre cette môme de cinq ans qui a peur de tout et tout le monde, qui hésite tout le temps, qui a peur de ce qui peut arriver, qui n'ose jamais rien de peur de ... Partagée entre cette maman que j'étais devenue, avec des responsabilité, des doutes, la peur de ne pas savoir être à la hauteur, la honte d'être aussi sale, aussi imparfaite, le sentiment de ne pas mériter ces deux enfants magnifiques, et la culpabilité de les avoir mis au monde pour moi, uniquement pour m'aider à rester en vie. Partagée entre cette femme insupportable et excessive que j'étais, capable d'être aussi douce et généreuse que violente et égoïste, je ne supportais pas de ne pas maîtriser toutes les situations.

Quand on ne se sent pas digne d'être aimée, on ne fait pas les bons choix. Ainsi, j'ai partagé ma vie avec des hommes que je n'aimais pas, qui ne m'aimaient pas vraiment non plus d'ailleurs. Et j'ai renoncé à vivre l'amour véritable. J'aurais pu, à deux reprises, faire le choix de l'amour. Je n'ai pas su. Je n'ai pas réussi à comprendre ce que je ressentais, ça m'a fait peur.

De la même manière, l'amour qu'on me donnait, aussi vrai, aussi fort, aussi incroyable me déstabilisait et ne me donnait qu'une envie : fuir. J'étais, de toute façon, persuadée que dire la vérité les dégouterait de ce que j'étais. Je sais, maintenant que je me trompais, et que ces deux hommes en particulier en savaient largement assez pour avoir compris que j'étais fragile, instable et difficile à vivre, et a priori ça ne les dérangeait pas. Ils auraient su m'écouter et m'aimer avec ces parties de moi que je cachais. Mais je n'étais pas prête, pas mûre pour le comprendre.

Je l'ai souvent regretté. Aujourd'hui, je ne le regrette plus, car finalement, le jour où j'ai su ouvrir mon cœur, ma tête, le jour où j'ai su dire qui j'étais, j'ai rencontré l'homme qui est aujourd'hui mon mari. J'ai rencontré des personnes qui sont devenues de véritables amis car c'est moi, et bien moi qui partage avec eux. Je me suis autorisée à aimer mes enfants, et même à devenir à nouveau maman. Je me suis enfin autorisée à savoir dire « je t'aime », sans y mettre un sens caché qui ne signifiait que « j'ai besoin de ma cacher grâce à toi » …

Quand je regarde mon mari, je sais que ma place est là, auprès de lui. Je suis fière de ce que je suis avec lui, avec nos enfants. Je suis fière de la vie que j'ai enfin construite, je sais que je suis aimée, et je sais que l'amour que j'éprouve pour eux est immense, infini.

Il y a une chose cependant, dont je saurais me passer. C'est d'aimer encore ma mère, mes frères. Car si je refuse à présent qu'ils fassent partie de ma vie, ce n'est pas parce que je ne les aime plus. L'amour n'a jamais été le problème. Le problème c'est la douleur. C'est ce qu'ils ont tenté de faire de moi. C'est la manière dont ils me renient pour ce que je suis et que j'assume enfin. Cependant, j'ai compris que ceux que j'aime n'existent plus : j'aime les enfants qu'étaient mes frères, les souvenirs que j'ai d'eux. Quant à ma mère, celle que j'aime, c'est celle que je vois sur une vieille photo, celle d'avant D. Celle qui avait ce sourire et ce regard que j'aimais tant. La vie est passée sur tout ça.

J'ai vu, il y a quelques jours, le plus jeune de mes frères. Je ne l'avais pas vu depuis six mois. Il prend de la distance, il est mal à l'aise car il ne veut pas prendre parti, mais il sait ce que j'ai vécu, tout en ayant des doutes sur certains détails puisque ma mère donne d'autres versions. Ses larmes la rendent crédible. Alors mon frère s'éloigne. Il est venu nous rendre visite pour voir les enfants. Je me suis rendu compte que je n'ai pas eu l'impression de recevoir mon frère. C'est un étranger, un copain. Un gars que j'aime beaucoup, mais dont je ne me sens plus proche. C'est terriblement douloureux de faire ce constat. Parce qu'au fond de moi, je me souviens de cet enfant, ses yeux bridés, son sourire, son éveil. Et ce môme-là, je l'adorais. Autant que l'adolescent qu'il était, volontaire, sensible, bienveillant et juste. L'homme que mon frère est devenu est un mec chouette, humain, mais qui se protège également de ce passé. Il semble garder la tête haute, mais je ne doute pas du mal que notre enfance a pu lui faire. J'en suis triste. Mais comment le soutenir alors qu'il m'est devenu si étranger ? J'aimerais pouvoir retrouver ce lien qu'on avait il y a plus de quinze ans, quand il était ce môme plein d'espoirs et de possibles. Je doute que ce soit envisageable. Mais je l'aime, d'une manière étrange, singulière.

L'amour, c'est l'un de ces aspects qui reste écorché quand on a vécu la violence durant toute une enfance. Pour réussir à aimer, il faut parvenir à se comprendre, à se trouver, à se respecter soi-même, à s'aimer comme on est, avec ses blessures, ses actes manqués, ses rêves, ses échecs, ses qualités aussi… Bref, l'amour existe, toutes les formes d'amour, mais il faut savoir faire une place pour le vivre, se l'autoriser.

Il n'y a pas d'amour spécifique aux liens du sang. C'est une erreur de le croire. Ce qui me fait aimer mes frères et ma mère, c'est notre vécu, le souvenir de certains moments, des rires, des pleurs, des drames.

Ce qui me fait aimer mon père, ou ma sœur, c'est leur personnalité, leur mode de vie, ce que je ressens quand je suis face à eux, quelque chose qui ne s'explique pas. Le besoin d'eux sans doute. Mais je ne crois pas que ce soit lié à ces racines communes.

J'aime mes amis comme ma propre famille, pour leurs qualités, mais aussi leurs défauts qui me rappellent que personne n'est parfait et qui m'autorisent également mes erreurs.

J'aime mes enfants pour ce qu'ils sont, j'essaie de ne pas les mettre sur un piédestal, ils ont des défauts comme n'importe qui, mais je les trouve beaux comme individus. J'aime leur éveil, leur curiosité. Mes trois enfants sont très différents les uns des autres, et c'est une richesse.

Mon homme... Il est bourré de défauts ! Mais ils me vont bien. Quant à ses qualités, elles ont fait de moi une personne libre, une femme heureuse qui croit en l'avenir. Il est mon homme idéal dans le sens qu'il est celui qui m'apporte l'équilibre sans vouloir me faire correspondre à des critères de normalité, il sait qui je suis. Il est le premier qui m'ait entendue sur tout ce que j'avais à dire. J'ai en lui une confiance absolue. Mon amour pour lui est à la mesure de la liberté et des possibilités qu'il m'a offertes.

L'amour a comblé des manques, guérit certaines blessures. Il est évident pour moi que sans amour on ne vit pas, on se contente de survivre.

La sexualité.

Je sais qu'il existe une majorité de personnes qui imaginent qu'un enfant ayant vécu des violences sexuelles devient une personne qui soit est dégoûtée par le sexe, soit possède une sexualité déviante.

En fait, je pense que c'est un peu des deux. Dans mon cas.

Quand on a été considéré comme un jouet sexuel, un bout de viande durant des années, quand on a tout subi dans la douleur puis dans l'indifférence, la sexualité n'a plus aucun sens.

Je n'étais pas dégoûtée par le sexe, c'est simplement que ça n'existait pas comme besoin, comme expression d'un sentiment et encore moins comme acte intime et sacré.

La sexualité était un moyen d'avoir la paix. Un moyen.

Je n'y prenais aucun plaisir. Avoir des relations sexuelles était la solution pour ne pas être seule, et d'obtenir l'affection et le soutien dont j'avais besoin.

Mais à force de ne rien ressentir et de faire semblant, je me suis posé quelques questions. Je me suis dit que peut-être, je n'étais pas hétérosexuelle. J'ai donc eu des relations homosexuelles. J'y trouvais une forme de douceur et de réconfort que j'aimais beaucoup. Mais pas de plaisir sexuel.

J'ai un jour décidé de suivre une thérapie, pour comprendre ce qui ne fonctionnait pas. Était-ce un problème physique, organique, ou psychologique ?

J'ai parcouru un long chemin pour comprendre…

J'ai refait connaissance avec mon propre corps, j'ai appris à l'aimer, à l'écouter. J'ai appris également à m'autoriser le plaisir, qu'inconsciemment je refusais car je culpabilisais. J'ai appris que la sexualité n'est pas un moyen. Qu'elle ne se marchande pas, ne se brade pas. J'ai appris que le plaisir doit être partagé.

Petit à petit, j'ai su trouver un équilibre, une paix avec mon corps qui n'est plus un morceau de chair sans valeur. C'est mon corps, à moi, il est ma maison, il est le reflet de ce que je suis.

Il est donc possible, après des viols, après le dégoût et la honte, de prendre plaisir avec et grâce à son corps. Ce n'est pas facile, c'est un cheminement compliqué. Mais c'est possible.

C'est d'autant plus possible quand enfin on peut partager cette intimité dans un amour sans condition, et ne plus avoir peur de se livrer totalement. Je n'ai donc pu m'épanouir que lorsque j'ai enfin su faire confiance, quand j'ai pu aimer pour de vrai. La sexualité a pour moi à présent un sens sacré, quelque chose de si important, de si intime que je n'imagine plus pouvoir avoir un rapport sexuel sans aimer mon partenaire.

Les autres et moi.

Comment construire des relations solides et saines quand on grandit comme j'ai grandi ?

Je n'avais confiance en personne quand j'étais môme. Je ne ressentais que de la peur, de l'appréhension. Comme je devais mentir, je paraissais anormale, car je mentais pour plaire mais sans connaître les codes élémentaires des comportements sociaux. Pour se faire des amis, il faut être en confiance, il faut que ce soit mutuel. Je savais inspirer confiance, parce que je l'avais appris depuis mes quatre ans. Je savais parler et me comporter en fonction des besoins de mes interlocuteurs. Mais si les autres ne se rendaient pas compte tout de suite que je jouais un rôle, je savais, moi, que tout était tronqué. Alors je pensais qu'il ne fallait pas que je m'attache aux gens parce que forcément ils finiraient par s'apercevoir que je n'étais pas celle qu'ils pensaient et que donc ils m'abandonneraient. Alors, pour ne pas être abandonnée, je les abandonnais avant qu'ils ne se doutent de quoi que ce soit...

C'est comme ça que je traitais mes collègues de travail, mes « potes », mes amis, et mes compagnons.

Je savais que personne ne pourrait aimer ce que j'étais : une chose pas finie, pas une personne, une chose. Un puzzle auquel il manque des pièces, et dont celles qui sont assemblées ne sont pas au bon endroit... Je ne me sentais pas humaine, pas légitime, pas digne de faire partie de ce monde, de cette société.

J'ai donc nourri une aversion pour les relations sociales, les faux-semblants, les obligations, les autres. Je souriais en pensant « je t'emmerde, crève donc » … J'imaginais facilement des scènes épouvantables, je voyais la tête de mes interlocuteurs gonfler à mesure qu'ils me parlaient de choses qui ne m'intéressaient pas, puis leur tête éclatait comme un ballon ou se détachait de leur corps pour s'envoler… Pire que dans les dessins animés ! Je ne voulais pas des autres, je voulais seulement qu'on me laisse tranquille.

J'ai essayé plusieurs fois de me fondre dans la masse, de passer inaperçue. J'ai tenté le look passe-partout, la discrétion, la gentillesse polie, et tout ce qui me semblait être la normalité.

J'ai échoué. Ce n'était pas *moi*. Faire comme si j'étais comme tout le monde, c'était accepter d'être encore une fois une marionnette. Je ne peux pas, viscéralement, c'est impossible. Et c'est ce qui m'amène à penser des horreurs car je prends trop sur moi, m'ennuie, me sens contrainte d'écouter ou d'être simplement présente. Me contraindre à « avoir l'air de » c'est me renvoyer dans ces années maudites ou je n'étais qu'une marionnette. Je ne peux pas, je ne veux pas. J'ai besoin de donner mon avis même et surtout quand je sais qu'il va déranger.

Alors je suis toujours un peu en marge. Je suis comme sur un fil : il peut se rompre à tout moment. Je suis cette aimable voisine, souriante, qui tient la porte et rend service, je suis cette personne bienveillante qui aide ses collègues de travail, cette cliente respectueuse qui dit toujours bonjour, merci, au-revoir…

Mais je suis aussi celle qui peut avoir envie de cracher à la figure de son voisin parce qu'il est ivre, celle qui peut avoir envie de foutre son poing dans la gueule d'un parent qui secoue son môme, celle qui peut furieusement insulter un automobiliste qui met en danger un enfant, celle qui n'hésite pas à se lever et à réagir quand quelque chose lui paraît injuste. Je serais sans doute capable de tuer si par malheur on faisait du mal à l'un de mes enfants.

Et c'est curieux car souvent les gens me trouvent soit très gentille, soit très méchante. Il y a rarement un juste milieu, je pense que c'est le reflet de ce que je suis : un interrupteur on/off. Excessive encore et toujours, je passe du rire aux larmes en moins de temps qu'il faut pour le dire. Mais «ma personnalité est qui je suis, mon attitude dépend de qui vous êtes» ... Ce qui est certain, c'est qu'aujourd'hui, que je souris ou que je colère : je suis vraie.

Je dis souvent en plaisantant que je n'aime pas les gens. Mais c'est vrai. Ce n'est pas une plaisanterie, c'est la vérité. Les gens me font peur, je n'aime pas être au milieu de la foule, je hais les centres commerciaux et les supermarchés. Je déteste être obligée d'affronter le regard des autres. J'ai toujours cette angoisse d'être jugée. Comme si dans mes yeux on pouvait voir que je suis celle qui a laissé le monstre se servir d'elle comme d'un morceau de viande, celle qui ne l'a pas envoyé en prison. Je n'ai pas confiance, les gens sont mauvais, je veux dire qu'en groupe, les gens me semblent être agressifs, potentiellement dangereux. C'est aussi pour cette raison que je ressens le besoin de regarder mes interlocuteurs dans les yeux : je les défie. C'est inconscient, mais je le sais. En regardant les autres dans les yeux, j'y cherche des informations sur leurs intentions. Parce que D avait un regard particulier, un regard malsain.

Les autres sont pour moi une source d'informations, de curiosité. Autrefois je les observais pour les comprendre, les mimer. Aujourd'hui, je ne les vois plus. Je suis d'ailleurs capable de croiser quelqu'un que je connais sans le voir. Parce que les autres sont devenus une masse, un ensemble qui vit en dehors de ma bulle. Cet ensemble n'a pas de visage, tout y est flou, comme si, en myope que je suis, je ne portais pas mes lunettes. Parfois, je laisse une personne y entrer, et je la laisse m'approcher, me voir. C'est de cette manière que j'ai des amis précieux. Ce sont eux qui ont brillé si fort au milieu de la masse que je les ai vus, et les ai laissés entrer dans ma bulle.

J'ai besoin, encore aujourd'hui, de me protéger de l'extérieur. J'ai besoin de la paix que j'ai faite avec moi-même. J'ai pourtant besoin aussi de communiquer. Je ressens le besoin viscéral de parler, d'écrire, de chanter même. J'ai besoin de m'exprimer sur tout ce qui me touche. J'ai trop longtemps été contrainte au silence, alors je profite de mon droit à l'expression. Mais la proximité me met mal à l'aise. Je suis capable de prendre les personnes que j'apprécie beaucoup dans mes bras, mais je ne supporte pas qu'un étranger me fasse la bise. Alors je me sers d'Internet… J'y fais des rencontres surprenantes, tout en n'étant pas contrainte de supporter un contact physique. Evidemment, je fréquente aussi de vraies personnes de chair et d'os ! Mais il y a peu de personnes avec qui je partage de vrais moments de vie. Ces personnes-là sont devenues ma véritable famille, ils me sont indispensables. Ils sont ceux qui m'ont accompagnée sur ce chemin de la vérité.

Je n'aime pas les gens. Mais j'aime les individus, les personnes, qui ont des mots à dire, à partager. J'aime ceux qui ont le regard qui pétille, le sourire qui invite et la main tendue.

Avoir été victime d'un monstre ne m'a pas enfermée dans l'idée que l'humanité est mauvaise. Je crois en l'être humain, parce que je suis un être humain, et que je suis là, vivante, heureuse, que j'ai su trouver en moi assez de ressources pour recoller les morceaux de moi et devenir une femme, une maman, une amie. J'ai rencontré des personnes qui ont su m'aider à me relever, à me reconstruire, ce serait les insulter que de considérer que tout le monde est pareil et que l'humain est moche. Je crois en l'être humain qui construit, qui découvre, invente.

Si les autres sont source d'inquiétude, ce n'est que parce que je ne les connais pas, qu'ils ne me connaissent pas, et que l'inconnu me fait encore peur. Je crois que je suis à jamais marquée par cette erreur que j'ai fait une fois dans ma vie : sourire à un inconnu dans un café, un inconnu à tête de clown qui faisait des grimaces à une petite fille. En commençant ce récit, j'ai dit que je regretterai jusqu'à mon dernier souffle de lui avoir souri... Si seulement il avait pu rester dans cette masse floue, un visage flou dans la lumière jaunâtre de ce café...

Mais j'espère que le temps va continuer de faire son œuvre, j'ai déjà fait tant de progrès, j'ai encore tant à vivre, que peut-être ma bulle finira peu à peu à ne plus flouter ce qui se trouve à l'extérieur, puis disparaîtra.

D'autres enfants...

D ne se contentait pas de moi. Il ne touchait pas ces autres enfants, mais j'étais chargée de convaincre ceux qu'il avait choisis à « jouer à faire l'amour ». Ces enfants ont donc vécu quelque chose dont ils ne se doutent pas.

Il n'y avait pas de violence, il y avait des caresses, des baisers, je devais les déshabiller. D se cachait derrière la porte entrouverte, ou derrière le mur de la salle de bains dans lequel il avait percé un trou assez large pour regarder dans ma chambre sans être vu.

Comme tout ce qu'il a réussi à me faire faire, je devais lui obéir, faute de quoi il menaçait toujours de tuer quelqu'un. J'avoue que j'avais du mal à comprendre à quel point c'était anormal d'ailleurs. Au tout début j'étais encore très jeune, je ne sais plus vraiment quel âge, mais mon premier frère était né, je me souviens qu'il était tout petit, alors peut-être avais-je environ six ans. J'avais peur, comme d'habitude, et donc comme d'habitude, je faisais ce qu'il disait. Il prétendait que ça ferait plaisir à ces enfants.

Le fait est que jamais l'un d'eux ne m'a repoussée, et il s'avère qu'au contraire, ils revenaient vers moi ensuite pour jouer encore... C'était un argument de plus pour D, il avait donc raison. S'il avait raison, pourquoi refuser de lui obéir ? Cet apparent consentement des enfants lui faisait dire que j'étais la seule à faire des manières, parce que j'étais une sale gosse, égoïste, et chochotte…

Parmi les enfants, le fils d'une amie de ma mère, des voisines et surtout une cousine de mes frères, du même âge que moi.

Avec cette cousine, les choses se sont reproduites à de nombreuses reprises, y compris quand D n'était pas présent car elle était demandeuse. Je ne savais d'ailleurs pas comment lui refuser quand D n'était pas là, puisque, quand il le voudrait, je devrais la solliciter, et j'avais peur qu'elle refuse et que D se mette en colère contre moi. C'était une situation compliquée pour moi, mais pas forcément douloureuse, pas anormale. Ce n'était pas anormal pour la simple raison qu'elle le voulait et rendait cet acte ordinaire, comme nous aurions pu jouer à la marelle. Sauf qu'il fallait se cacher. Et un jour, sa mère et la mère de D nous ont surprises. J'étais mortifiée car elles nous ont fait littéralement comparaître devant elles comme devant un tribunal. Elles étaient assises derrière une table et la cousine et moi étions debout devant elles. Elles ont menacé de tout raconter à ma mère, et à D. Et là j'ai vraiment eu peur, car j'avais la consigne de ne pas me faire prendre… Aucun adulte ne devait savoir. Alors je me suis angoissée, je sentais mon cœur battre très fort et je sentais une boule grossir dans ma poitrine. Puis finalement, elles ont dit qu'elles n'en parleraient pas, pour cette fois.

Avec le recul, je me rends compte que si elles avaient parlé, mon calvaire aurait peut-être pu s'arrêter. Peut-être. Mais on ne construit rien avec des « si » ! Et j'imagine qu'à leurs yeux, il n'y avait finalement rien de grave, pas de quoi s'alarmer. Pourtant, je ne pense pas que ces jeux soient sains et inoffensifs.

Cette cousine en a parlé une fois adulte, avec ses mots à elle, son regard. Et dans son regard, je suis responsable, car elle ignore que D était derrière ma démarche, elle ignore qu'il nous observait. Quelques années après, elle discutait souvent avec D au téléphone, qui se faisait son confident. Elle lui racontait ses aventures sentimentales, elle lui a même confié des choses très personnelles au sujet de sa sexualité. Il s'en gavait comme un porc. Elle devait avoir environ quatorze ans, et il me disait « tu vois bien, c'est une vraie petite salope ». Et moi je me sentais confuse, je comprenais mal comment elle pouvait à la fois agir avec la légèreté qu'elle décrivait, et faire de D son confident puisque c'était son oncle et je trouvais ça malsain. Et puis ensuite, quand je l'écoutais raconter ses aventures, je me disais qu'elle et moi n'étions pas pareilles, et alors elle me dégoutait. Je pense aujourd'hui que nos jeux l'ont bel et bien atteinte dans son développement sexuel. Je me trompe peut-être, mais c'est mon sentiment.

En tous cas, à ses yeux je suis responsable, et c'est assez pour que cette branche de la famille considère que j'étais une enfant anormale. Et donc, pour eux, ce que je dis au sujet des violences que j'ai subies est faux. J'ai d'abord été montrée du doigt puis bannie en quelques sortes.

La question « pourquoi une enfant peut-elle agir de cette manière » n'a jamais effleuré personne.

Quoiqu'il en soit, je ne sais pas imaginer le ressenti de ces enfants, mais je sais que ça n'aurait jamais dû arriver, ce n'était pas normal. Je suis honteuse et coupable quand je pense que je suis restée le souvenir de ces jeux malsains. J'ai honte de les avoir offerts à D, comme on offre des jouets. C'est ce qu'ils étaient, de nouveaux jouets. Ils n'en ont pas conscience, ils ne pourront sans doute jamais savoir ce qu'ils ont réellement vécu, peut-être est-ce mieux ainsi d'ailleurs.

Les sœurs de ma mère ont également subi des attouchements, elles étaient en vacances chez nous, nous dormions dans la même chambre. D est entré et les a caressées. Je ne voulais rien voir, rien savoir alors j'ai fermé les yeux. Je ne sais pas ce qu'il a fait, ça n'a pas duré car la plus vieille de mes tantes lui a résisté. Mais elles n'ont rien dit avant plusieurs années.

Pourquoi aurais-je parlé ? Pourquoi aurais-je dénoncé ? Personne ne le faisait… Elles étaient jeunes, je ne sais plus trop mais je dirais qu'elles avaient au moins seize ans. Elles ne se sont jamais demandé s'il était capable de me faire la même chose puisque visiblement ça ne le dérangeait pas que je sois présente quand il s'est introduit dans le lit. J'ai pris ça comme un déni.

Il y a une autre personne. Une ancienne camarade de classe, nous étions ensemble en CM2. Je ne l'ai jamais sollicitée, jamais touchée, je ne lui ai jamais parlé de ce que je vivais.

Il y a quelques années, elle m'a fait savoir qu'elle a été agressée sexuellement par D. Elle voulait savoir si je le savais. Je ne savais pas. J'ignore ce qui s'est passé, quand ou comment. Je n'ai pas eu la force de l'écouter, je me suis sentie coupable, je ne savais pas quoi lui dire. Je sais qu'elle dit vrai, elle n'aurait aucun intérêt à inventer une histoire pareille plus de trente ans après. Alors je sais que je ne suis pas la seule, et je me suis souvent posé la question de savoir s'ils existaient d'autres victimes.

J'ai été lâche, je n'ai pas eu la force de faire un procès à ce monstre, et j'en demande pardon à tous ceux et celles qui en ont été victimes, directement, ou indirectement. Mais en écrivant ceci, je me rends bien compte qu'au final, tout le monde a fait comme moi : tout le monde a gardé le silence et a fermé les yeux.

Combien d'autres enfants finalement ? Je ne sais pas. Comment saurais-je quels enfants il a pu agresser si je considère que visiblement tous se taisaient ? Et depuis mon départ, puis la séparation de D d'avec ma mère, qu'a-t-il fait ? A qui ? Combien de fois ?

Puisqu'il n'a pas été poursuivi pour ce qu'il m'a fait, pourquoi aurait-il cessé d'être un monstre ?

J'ai des doutes, d'affreux, d'innommables doutes quand je pense à ça et au fait que si j'avais pu être entendue, s'il avait été jugé, alors peut-être d'autres auraient été épargnés. Mais voilà : en réalité je ne sais rien de ce qu'il a pu faire ou ne pas faire. C'est terrible ce doute là…

Rancune, vengeance ou justice ?

J'imagine que ma démarche peut être mal interprétée. En livrant mes souvenirs, en désignant des responsables, je peux avoir l'air de vouloir me venger. Pourtant, je suis une personne qui ignore la rancune. Et donc pour moi, la vengeance est inutile.

La rancune c'est garder en soi la douleur, c'est la faire mijoter doucement et en être empoisonné. Bien entendu j'en veux à D de ce qu'il m'a fait, bien entendu j'en veux à mes parents d'avoir été incompétents. Mais cette amertume ne va pas jusqu'au ressassement interminable. Si tel était le cas, je n'aurais pas pu avancer, je n'aurais pas aujourd'hui cette vie de femme, cette vie de famille, cette vie sociale.

Donc forcément, la vengeance est hors de propos. Et d'ailleurs quelle vengeance ? Que pourrait-il être humainement possible de faire pour se venger ? Oui c'est vrai, je dis que D mériterait de ne survivre que dans la douleur et le désespoir. Je le pense. Pourtant, je peux vous assurer qu'il coule des jours paisibles malgré quelques problèmes de santé et une situation financière peu confortable, mais il l'a cherchée. Donc je ne me suis jamais vengée. D'ailleurs ce livre n'est pas non plus une vengeance puisque je ne vous livre pas de noms, d'adresses, de portraits. D, comme ma mère, comme mes frères ignoreront sans doute la publication de ce livre, donc mes mots ne les atteindront en aucune manière. Et quand bien même ils en auraient connaissance, ils auront la possibilité de rester dans le déni, et de se prétendre victimes de mes mensonges. Ce que j'écris pourra de nouveau être mal interprété, je serai accusée comme toujours d'être une menteuse, une immonde saloperie… De vouloir faire du mal. Pourtant, ce n'est pas le cas.

Je ne me suis jamais vengée, je ne cherche pas à le faire, car j'ai bien conscience que c'est inutile, impossible, et que j'y perdrais une énergie considérable, que je n'ai pas en réserve.

Mais pour autant, j'ai besoin d'une certaine forme de justice. Elle ne me sera jamais rendue. Il y a maintenant prescription. Pourtant, c'est à vie que je vais me souvenir, et les séquelles dont je souffre sont bien présentes maintenant, et elles le sont pour le restant de mes jours. Je suis condamnée à perpétuité, mais mon bourreau est épargné par le délai de prescription.

Pourquoi alors ne pas avoir demandé justice avant ?

Il faut être prêt pour affronter un procès, il faut être prêt pour se raconter, oser dire ce que l'on a subi. C'est douloureux de se plonger à nouveau dans l'enfer. Il faut avoir compris aussi qu'on a le droit de parler, qu'on est innocent, il faut avoir conscience que l'on est réellement une victime. Malheureusement, les autres, la famille ne vous aide pas à parler, à dévoiler. Au contraire.

Ma famille n'a été d'aucun soutien, je n'ai reçu aucun encouragement dans mon parcours de reconstruction car pour eux « ce n'était pas si grave », et puis « c'est du passé, il faut regarder devant ». Seul mon plus jeune frère a fait la démarche de vouloir comprendre, il a voulu que je lui explique ce que j'avais subi et m'a dit que si un jour je devais faire un procès, il me soutiendrait, bien que ce serait une épreuve terrible pour lui. Il avait seize ans, forcément je lui avais épargné les détails. Le temps a passé et je ne pense pas qu'il serait à même aujourd'hui, pour différentes raisons, de me soutenir.

Il m'a fallu du temps pour oser, pour comprendre, et surtout pour trouver le soutien dont j'avais besoin. On continue régulièrement de me dire que j'aurais dû faire enfermer D, que ma vie aurait été plus facile si j'avais pu être reconnue en tant que victime et que mon bourreau ait été à la fois reconnu coupable, condamné et mis hors d'état de nuire.

Aujourd'hui, à bientôt quarante-deux ans, je serais prête à affronter un procès. Mais je ne peux pas, je n'en ai pas le droit, car la loi estime que ce genre de crime mérite prescription.

Ma personnalité et la normalité.

Grandir, c'est-à-dire se construire, avec des repères faussés c'est comme construire une maison sur des fondations pourries : la maison finit par s'écrouler.

J'ai longtemps eu énormément de difficultés à savoir *qui* je suis. Quelles sont les aspects de moi qui sont naturels, innés, et ceux qui résultent de ce que j'ai subi ? Quels sont mes goûts à moi, vers quelle littérature, quelle musique, quelle culture je serais allée de moi-même. Suis-je devenue forte et volontaire à cause de ce que j'ai vécu ou est-ce parce que je l'étais que je suis encore en vie ? Vue des autres, suis-je normale ? Ai-je ma place quelque part dans la société ?

Questions inutiles pour certains qui m'ont souvent dit « peu importe, l'important ce n'est pas ce qui est derrière, c'est d'avancer ». Pensez-vous réellement que les choses soient si simples que ça : avancer ? Je pense que vous avez bien compris quelle a été mon éducation. Ce que j'ai appris : le mensonge, la violence, la haine, la jalousie, la tromperie. Ce sont les bases de mon éducation. Les ingrédients supplémentaires : une interdiction d'être à la mode, d'écouter la musique du Top50, de faire du sport (considéré par D comme une activité pour les cons), d'avoir des copines, des copains, des sorties, des loisirs, interdiction de communiquer… Bref, interdiction d'être comme les autres. Et surtout : obligation d'aimer ce qui était mis à ma disposition : livres, disques, cassettes vidéo.

J'ai eu de la chance dans toute cette horreur d'avoir ces livres qui m'ont permis à la fois de m'évader, mais aussi de réfléchir, d'analyser, de comprendre. Si je ne connaissais pas le monde autour de moi, je connaissais celui d'avant moi, et celui à venir. Les romans historiques me parlaient des grands personnages, des grandes conquêtes, des grandes luttes. Les romans d'anticipation me parlaient de l'avenir et de la manière de s'y préparer, la manière d'y survivre. De tout ça, j'en avais déduit ceci : la culture, les mots, la compréhension sont des outils imparables pour survivre. Parce que pour survivre, il ne suffit pas de respirer, de manger ou de boire. Il faut maintenir son intellect en vie, sa volonté, sa curiosité et sa faculté à s'adapter. Je ne saurais vous dire à quel âge j'ai compris ce principe, mais je pense que c'était autour de mes dix ans, je venais de lire « Le meilleur des monde », de Aldous Huxley. J'y ai compris ceci : la culture rend fort. Ôter à un être humain la possibilité d'apprendre, de comprendre, de penser par lui-même c'est le rendre esclave, c'est en faire un mouton. D ne l'avait pas compris, il n'avait pas pensé que les livres qu'il m'autorisait à lire allaient me donner la force de survivre. J'y ai puisé les éléments qui m'ont servi à comprendre les gens, les institutions, la société. C'est ce qui m'a permis de m'insérer un peu, assez pour ne plus être en marge, assez pour être un caméléon et prétendre à une vie presque normale. C'est aussi ce qui m'a poussée, et me pousse encore à m'élever contre la médiocrité, le formatage. C'est ce qui me pousse donc à rester en marge, ne suivant pas les préceptes de la mode, la force des médias, et une certaine forme de désinformation. La culture qui m'a permis de rester un être humain m'a donc également rendue moins malléable, moins sociable.

La normalité exige de faire partie de cet ensemble qui a suivi plus ou moins le même chemin. Ayant marché toute mon enfance et mon adolescence bien loin de ce chemin, je ne pourrais jamais faire partie de cette norme. Ce que j'ai vécu m'a rendue à la fois plus sensible et plus froide que la plupart des gens. Si je suis capable de m'émouvoir et de pleurer devant la détresse d'un enfant, d'une personne qui souffre physiquement, la majorité des petits tracas de la plupart des gens me laissent indifférente. Ainsi, je me fous de beaucoup de choses, qui à mes yeux ne sont pas graves. Venez me dire que vous avez des problèmes d'argent, que votre voisin vous empêche de dormir, que vous avez eu des vacances pourries à cause de la météo, parlez-moi de votre déception devant l'échec de l'équipe de France de Football, parlez-moi de vos peines de cœur parce que « c'est compliqué » ... Je m'en fous. Non pas que je ne vous écouterai pas et que je ne chercherai pas à vous aider, vous soutenir si je vous apprécie. Mais fondamentalement : je m'en fous. Ce ne sont pas pour moi des raisons de faire une dépression. *Pour moi.* Ce qui signifie que je comprends que pour vous, ça puisse être très douloureux. Mais dans ces cas-là, si mon interlocuteur est quelqu'un pour qui j'ai de l'affection, je suis contrainte de faire semblant d'être émue, concernée, pour ne pas heurter sa sensibilité. Je le comprends, mais je n'en éprouve pas de tristesse. Je peux trouver les mots pour rassurer, panser, et même faire avancer, mais dans le fond je trouve ça assez banal. Si je n'éprouve pas d'affection, je vais simplement passer à une autre conversation par le biais d'une pirouette. Le décès de quelqu'un que je connais peu : c'est triste, mais si c'est un vieillard je ne saurais pas pleurer, c'est le cours normal de la vie. On me trouve donc parfois insensible, en comparaison aux gens normaux.

J'ai mal quand je vois une personne souffrir dans sa chair, dans son âme. Je ne peux pas souffrir pour des raisons qui sont matérielles, ou même relationnelles. Je considère que la vie est faite de ça : déceptions, échecs… Il en faut pour apprendre. Je ne sais pas m'apitoyer devant des personnes qui se confortent dans un certain malheur alors que leur vie est loin d'être malheureuse. Je ne sais pas m'émouvoir devant quelqu'un qui se plaint sans chercher à relever la tête, sans chercher à s'en sortir.

Mais un enfant inconnu qui meurt sous les coups de ses parents, je l'entends à la télévision et je fonds en larmes instantanément. La libération de personnes qui ont été séquestrées et torturées, je pleure de joie, et je pense à toutes ces difficultés qui les attendent. Je croise dans la rue un enfant mal couvert, mal porté et immédiatement je sens une boule dans mon ventre et l'envie de secouer ses parents pour qu'ils fassent attention à lui. Et là on ne trouve pas normal que je me sente aussi concernée, parce que, a priori, ça ne me regarde pas, ça ne me concerne pas directement.

Je me sens concernée par la vie, et je respecte ceux qui ayant traversé des épreuves tragiques restent debout et continuent d'aimer la vie. Je me sens concernée par ceux dont le regard s'émerveille, ceux dont la curiosité guide vers l'invention, la découverte, la création.

J'éprouve beaucoup de difficultés à respecter, à admirer un individu qui a réussi dans la vie (de nos jours cela signifie socialement, financièrement), sans jamais avoir eu à traverser des moments de profonde détresse. Car je ne lui trouve pas de mérite. Alors certains pourraient penser que je prêche pour ma paroisse, ou que je jalouse la réussite d'autrui. Ce n'est pas le cas. Je trouve ça très bien pour eux. Mais je m'en fiche, ils ne sont pas des exemples que j'ai envie de suivre. Je n'y vois rien d'impressionnant, avoir les meilleures cartes et gagner une partie ce n'est pas exceptionnel, c'est bien. Je sais que ça peut être mal perçu, mal interprété. Ce n'est pas « normal » de dire que celui qui gagne de l'argent n'est pas forcément un exemple à suivre.

La normalité c'est aussi une manière de vivre. Aujourd'hui, selon les statistiques, je fais partie de la norme : je suis mariée, j'ai trois enfants, un chat et deux poissons.

Mais selon d'autres critères, je ne suis pas dans la norme : je chante dans un groupe de rock alors que je suis maman… J'écris des histoires avec des personnages fantastiques… J'ai des amis dont je pourrais être la mère et d'autres qui pourraient être mes grands-parents. J'aime ma belle-mère ! Je parle à mes plantes et à mon chat.

La normalité est un point de vue, une manière de voir les choses sous un angle ou un autre.

Je pense être une femme normale sous bien des aspects. Je pense aussi être une personne atypique sous d'autres aspects. L'important finalement, c'est d'avoir conscience de ce que l'on vaut, de trouver sa place et de savoir s'entourer des personnes avec qui partager des valeurs, des idées, des émotions. Entourée des miens, je suis normale.

Je n'ai plus à me poser la question de la normalité, elle ne m'inquiète plus, ne me concerne plus. Mais si je n'étais pas normale autrefois parce que j'avais été modelée comme une marionnette, ce n'est plus le cas. Quand aujourd'hui je suis hors norme, c'est dans ma capacité à affirmer ce que je suis, ce que je pense ou ressens. C'est pour moi une réelle fierté.

Le déni.

Il semble exister plusieurs formes de dénis. J'ai vécu dans le déni pendant longtemps, en considérant qu'en effet, ce que j'avais vécu n'était pas si grave, puisqu'on me le disait.

J'ai pensé aussi que j'étais guérie, que j'allais bien. Je n'avais pas conscience du fait que je me mentais à moi-même, pour me rassurer, pour ne pas avouer que j'étais malade, pour ne pas reconnaître que j'avais besoin d'aide, pour ne pas inspirer la pitié.

J'ai vécu dans le déni concernant ma famille, ma mère en particulier. J'avais besoin de penser que tout le monde m'aimait, me faisait confiance, me respectait. Ce besoin a été fluctuant, car vous l'aurez compris, j'ai été très instable durant ma vie, et il m'est arrivé de me foutre royalement de ce que les autres éprouvaient pour moi, tant qu'ils ne m'en faisaient pas part. Mais ces dernières années, découvrant un bonheur inespéré, j'avais voulu croire qu'enfin, la page se tournait, et que les miens, savaient, me connaissaient. Le déni c'est d'avoir cru que parce que je me sentais mieux, ma famille se sentait mieux également, et avait conscience du fait que j'avais fait un énorme pas en avant.

Le déni c'est d'avoir cru en ma mère, en refusant systématiquement de la tenir pour responsable de mon malheur. Je la voulais pure, innocente, aimante, et je la voulais victime du monstre comme moi, je nous voulais égales dans la douleur, parce que c'est tout ce que nous avions en commun.

Le déni, c'est le doute qui a subsisté concernant mes frères. J'ai depuis longtemps le sentiment qu'ils me tiennent à l'écart de leur vie. Mais j'ai toujours cherché et trouvé habilement des prétextes pour expliquer ce comportement.

Et puis... Le déni... C'est le subir. N'être pas reconnue par son sang, n'être rien que le reflet de ce qui dérange. Je dérange leur confort, leur quotidien, parce que le passé les emmerde profondément, c'est mon problème, à moi, eux s'en sont lavés les mains. Ils refusent de me reconnaître le droit de m'exprimer, ils refusent de considérer que la vérité est cette horreur que j'ose dévoiler. Mais c'est évident, pourquoi ne pas fermer les yeux quand la lumière fait mal ? Qui aurait envie de regarder en face une réalité innommable, quelque chose dont personne ne veut. Je le comprends, mais je ne le supporte pas.

Le déni, celui de ma mère et mon frère, je le vis comme une insulte, un coup dans le cœur, une absence totale de considération : une absence d'amour.

Le pire, c'est le déni qui arrive tardivement. Si ma mère avait toujours manifesté le doute, j'en aurais certainement souffert, mais ça m'aurait peut-être aidée à aller devant la justice, pour lui prouver, à ma mère que j'étais son enfant, qu'elle devait me croire, et que j'avais mal. Mais manifester du doute, pire considérer que tout ce que je dis n'est que mensonges, au bout de tant d'années, alors que je commençais à me sentir sortie d'affaire, c'est me faire replonger. C'est me faire si mal que j'en éprouve le besoin de hurler.

Le déni peut être inconscient, et je pense comprendre qu'on ait besoin de se rassurer. Mais quand il est le résultat d'une démarche de complaisance, quand il est là pour servir le confort acquis, servir une réputation proprette et une vie a priori sans bavure, c'est insupportable.

Je ne trouve rien qui puisse justifier le fait de trahir son enfant. Car arrivé à un certain point, le déni est une trahison, un crachat en pleine figure qui signifie que je ne suis rien, je ne compte pas, ce que je ressens ne compte pas, et il vaut mieux que je n'existe pas.

Le déni, c'est de me dire que le fait d'écrire mon histoire permettrait à ma mère de revenir vers moi, de me prendre dans ses bras et de me dire qu'elle regrette. Mais si j'y ai cru un moment, j'ai fini par comprendre que c'était là encore une faiblesse de ma part, le besoin insensé d'espérer reconstruire là où il n'y a plus que des ruines. On ne construit rien de solide sur des ruines, y croire serait l'occasion de tout voir s'écrouler une fois de plus. Avoir mal une fois de plus. Quand on n'a plus rien à attendre de ceux qui auraient dû nous aimer, nous protéger, nous soutenir, alors il est temps de briser ses chaînes, de considérer qu'on n'a plus de compte à rendre, et qu'on n'a plus à pardonner l'impardonnable.

Sortir du déni c'est comme sortir du brouillard pour voir nettement les choses, les voir comme pour la première fois. C'est un choc. Mais on finit par s'habituer à cette nouvelle vision des évènements, des faits, car finalement, les doutes s'estompent pour faire place à la compréhension.

D, mon bourreau, mon seul modèle aussi...

On imagine parfois que les méchants ont une tête de méchant, qu'on peut les reconnaître facilement. On imagine qu'un pédophile se reconnaît forcément, qu'il doit être bizarre.

C'est vrai et faux à la fois.

D ressemblait à n'importe qui, un physique très moyen, une vie de pseudo-artiste qui se cherche. Il n'avait pas l'air méchant, il passait même pour quelqu'un de gentil aux yeux de ceux qui ne le connaissaient pas. Un bon vivant, avec une certaine culture, du charisme...

Mais voilà : au royaume des aveugles... Vous connaissez la suite.

Il savait s'entourer de faibles ou de personnes en situation de détresse psychologique. Il savait mentir, en se servant de ses lectures, de ce qu'il avait entendu, de ce que d'autres lui avait raconté... Il savait utiliser de grands mots devant des gens qui ne possédaient qu'un vocabulaire et une culture limités.

Je pense qu'il a toujours été très vicieux, sournois, calculateur, manipulateur. Je ne le crois pas intelligent. Il s'était persuadé de l'être, imbu de lui-même, et trônant au milieu de son public. Mais je fais la différence entre culture et intelligence.

En réalité, c'était un porc. Cet homme était capable de baisser son pantalon, son slip et de poser son cul sur la table devant ses invités… C'était de l'humour. A priori…

Il avait une hygiène douteuse, qui assortie à son physique et sa surcharge pondérale le rendait immonde à mes yeux. Des croutes noires sous les pieds, des cheveux fins, gras, longs sur les côtés pour les ramener sur le haut de son crâne dégarni, des dents jaunies par le tabac, un ventre énorme qui dégringolait… Il me dégoutait, purement et simplement. Quant à son regard, je me suis souvent demandé combien de personnes avaient été capables de le regarder en face sans y voir à quel point il était malade, malsain, dangereux.

Je ne supportais pas le moindre contact avec lui, pas même une bise. Je m'essuyais systématiquement quand devant tout le monde il m'embrassait sur la bouche pour me dire bonjour. Et ça le rendait furieux d'ailleurs, plus d'une fois j'ai payé mon geste « insultant » selon lui… Mais ça me brulait, j'avais l'impression d'avoir de l'acide sur la peau.

Ma mère m'a raconté qu'elle s'était mise en couple avec lui pour que j'aie un papa, et aussi parce qu'il l'avait suppliée en disant qu'il n'avait que sept ans à vivre à cause d'une maladie. Lequel des deux a menti ? Je ne sais pas. Mais ce qui est certain, c'est que ma mère a toujours affirmé ne l'avoir jamais aimé. Ce qui me pousse à me poser ces questions : pourquoi lui, connu pour sa grossièreté, sa fainéantise… Pourquoi m'offrir comme père un homme supposé mourir sept ans plus tard et me laisser à nouveau sans père ? Pourquoi, ne pas avoir simplement gardé le contact avec mon père pour ne pas avoir à le remplacer ?

Mais peu importe, le fait est que c'est lui que j'ai été contrainte d'appeler « papa », c'est lui que du jour au lendemain j'ai été obligée d'aimer, d'écouter, de respecter... C'est à lui que ma mère a confié mon avenir.

Je suis passée par différents sentiments le concernant. Et je pense que c'est aussi ce qui a été très destructeur pour moi, pour ma personnalité en devenir.

Au début, bien que je ne veuille pas de lui, je le craignais, il m'impressionnait. Puis je lui suis devenue reconnaissante de bien vouloir s'occuper de moi pour que ma mère me garde près d'elle. Plus tard je l'ai détesté, je l'ai craint comme un enfant craint le croque-mitaine ou le loup-garou : il était l'objet de mes terreurs. Ensuite... Mépris, dégoût, peur toujours et encore, haine.

J'ai tellement souhaité le tuer, pire, lui faire mal jusqu'à ce qu'il soit dans le même état de désespoir que celui qu'il m'infligeait. Ce que je trouverais juste comme sanction pour lui : le sort de ce personnage du film « Seven », un homme que tout le monde pense mort, son état est effroyable, et l'on se rend compte qu'il est en vie. Un cadavre vivant, mutilé, torturé mais gardé en vie. C'est ça que je voulais pour D. C'est comme ça que j'aurais voulu le voir finir sa vie. Un bout de viande presque mort à la merci d'une personne qui le maintient en vie juste pour

le faire souffrir longtemps ! Mais c'est inhumain de penser ça…
Ai-je le droit de le penser ?

Alors oui, j'ai échafaudé des plans pour le tuer. Mais quelque chose m'a toujours empêché d'aller au bout. Aujourd'hui je me dis qu'heureusement je n'y suis pas parvenue, sinon je serais devenue pire que lui, je serais un assassin. Et alors qu'il a massacré mon enfance et une partie de ma vie, je n'aurais pas pu me reconstruire et avoir la vie que je mène à présent. Il ne doit sa survie qu'au fait que j'ai voulu vivre…

Mais pour en revenir à ce qu'il était… Un lâche. Hélas je l'ai compris beaucoup trop tard. Il n'y avait qu'un lâche pour torturer une enfant, battre une femme. Et il en avait conscience, c'est pour cette raison qu'il passait son temps à boire, pour ne pas avoir à se regarder en face et assumer.

Le pire, c'est que je pense qu'il était sincère quand il disait qu'il nous aimait. Mais cette sincérité ne durait que quelques minutes, quelques heures, quelques jours et il redevenait le monstre.

L'une des causes de mes doutes était justement cette sincérité, ces moments où il avait l'air de souffrir, de nous aimer, de regretter le mal qu'il nous faisait. J'ai *réellement* ressenti de la peine pour lui, j'étais triste, je me disais « si seulement il pouvait réussir à rester gentil ». C'est bizarre de ressentir de la peine pour son bourreau… Aujourd'hui je me demande comment j'ai pu ressentir ça. Je me suis demandé si c'était vraiment de la peine, ou autre chose. Et je comprends que des personnes trouvent ça complètement hallucinant, improbable. Mais je pense que c'était vraiment de la peine. Parce que quand il était gentil, il était vraiment drôle, attentionné, généreux. Cet homme qui était capable de me faire tant de mal, je l'ai vu un jour retirer ses propres bottes dans la rue pour les donner à un clochard... Comment pouvait-il être à la fois si généreux et si odieux ? Alors je tentais d'être gentille, complaisante, pour lui montrer que c'était mieux si tout le monde faisait la paix, si on vivait avec le sourire plutôt que la peur. Des illusions ! Je me faisais des illusions, il prenait ça pour un signe d'acceptation, il pensait que je courbais l'échine par respect, amour, il pensait que je l'aimais. Et ça, ce n'était pas possible. J'étais capable de beaucoup, mais de l'aimer, non. J'ai traversé des moments de doutes terribles, devant son comportement, remettant en cause mes propres sentiments, mon propre comportement, et j'en arrivais à la conclusion que je ne faisais que tenter de l'amadouer pour avoir la paix. J'avais conscience qu'en fait, ma complaisance n'était rien de plus qu'une tentative désespérée de manipulation. Je suivais son exemple : je le manipulais.

Aujourd'hui, je sais qu'il n'était pas si gentil que ça, et que ces manifestations de générosité ou d'amitié n'étaient soit que de la manipulation, soit un moyen de flatter son ego et soulager sa conscience.

Je l'ai compris en l'observant avec les gens. En apparences, il était généreux, bienveillant, intéressé par tout, tolérant, amical. En réalité je crois qu'il n'a jamais eu de vraie personnalité, il se nourrissait des autres, de leurs parcours, de leur quotidien. Ainsi, il était capable de s'adapter à tout le monde. Pour vous donner quelques exemples, il voulait se faire apprécier de tous, il aimait être admiré, le centre d'intérêt, celui qui s'assied en bout de table et qui mène la conversation. Il a donc sympathisé avec quasiment tous nos voisins. Il les fréquentait épisodiquement, à croire qu'il ne pouvait pas jouer tous ces rôles en même temps.

Mais quand il fréquentait nos voisins arabes, nous devions manger du pain arabe, du couscous et aimer la culture arabe. Il fréquentait nos voisins antillais : il se mettait à aimer la cuisine antillaise, danser (ridiculement) la biguine, et n'écouter que de la musique créole. Il fréquentait d'autres voisins vietnamiens : nous avons mangé des nems et du riz, j'ai commencé à apprendre le vietnamien… Nos voisins gitans ? Il les invitait, et jouait le gros dur, façon « parrain mafieux », se mettait à parler avec un accent prononcé, quand il parlait à un gitan il lui disait « mon frère » …

Mais en réalité, il les méprisait tous. De nos voisins arabes il a dit que ce n'était que des « saloperies de bougnouls », de notre voisin antillais que ce n'était qu'un négro qui voulait baiser ma mère, des vietnamiens qu'ils étaient sans doute des assassins pour avoir réussi à payer leur billet sur le bateau, et les gitans n'étaient pour lui que des ignares, des voleurs… Toutes ces personnes n'ont sans doute jamais soupçonné ce que D pensait d'eux. Il les méprisait, parce que sa vie à lui était simplement minable, et qu'il trouvait chez ces voisins là des originalités, des cultures qu'il ne possédait pas, ça le rendait jaloux. Il

170

était jaloux de tous, mais refusait de l'admettre. Il les manipulait pour agrémenter sa vie de petites soirées où il trônait en petit chef, pour raconter ses histoires, en se faisant passer pour un homme hors du commun. Et vous savez quoi ? Les gens l'aimaient. Certains soirs, on aurait cru voir un gourou au milieu de ses adorateurs... Il avait l'air tellement sincère, tellement vrai.

Alors forcément, j'étais troublée. Je doutais. Et je me demandais quand il était honnête et quand il jouait. Je me posais la question par rapport à nos voisins, aux gens qu'il fréquentait, mais forcément aussi concernant ma mère, mes frères et moi. Quand nous aimait-il, quand nous manipulait-il ? Nous aimait-il, nous manipulait-il vraiment ?

Un manipulateur, c'est bien ce qu'il était, mais je ne sais toujours pas comment il pouvait avoir l'air aussi sincère à certains moments.

Je ne comprends toujours pas. J'ai tenté d'analyser son comportement, pour me permettre de comprendre pourquoi il m'avait torturée. J'ai posé des questions, il y a quelques années, à sa mère. Elle avait peur que je fasse un procès, alors elle a tenté de m'expliquer que ce n'était pas la faute de D, qu'il avait lui-même été victime de son grand frère étant petit, et qu'il avait été martyrisé par son père. Mais j'avoue que je n'ai jamais réussi à y croire totalement. Il se peut en effet qu'il ait vécu des choses pas agréables, mais connaissant sa mère, elle a habilement exagéré la situation pour me faire culpabiliser et me laisser entendre que finalement il ne fallait pas lui en vouloir car il était la véritable victime de tout ça.

Ne pas lui en vouloir. Alors que je continue d'avoir la nausée en pensant à lui ?

Mais comme je l'ai écrit, il était malheureusement mon seul modèle social, et parental. Ma mère n'a pas toujours travaillé, mais elle travaillait au noir, chez une vieille dame infecte. Je ne pouvais pas prendre ma mère en exemple, parce qu'elle a toujours été la dernière personne à qui je souhaite ressembler. Je ne voulais pas être faible, soumise, je ne voulais pas être ce qu'elle était. Mais D, avait un métier, du charisme, de la culture, et il m'impressionnait par ces aspects-là. Donc je suivais son exemple, tout en le haïssant. Très contradictoire, donc très douloureux... Parce qu'il arrive un jour où l'on se dit « alors je lui ressemble finalement » ... Et ressembler à celui que l'on hait par-dessus tout, ressembler au monstre : c'est être un monstre soi-même.

Il a fallu que je rencontre mon véritable père, à l'âge de dix-neuf ans, pour commencer à me rendre compte qu'en fait, c'est à lui que je ressemble. J'en parlerai plus tard.

D m'a laissé avec un esprit et un corps en ruines. J'ai mis de longues années à le voir tel qu'il est et à ne plus avoir peur de lui. Pourtant, je suis imprégnée du souvenir. Je cauchemarde encore. Et je frémis de dégoût quand je croise quelqu'un qui a sa démarche, sa silhouette, et j'ai du mal à me contenir lorsque je suis face à une personne qui a abusé du pastis, car cette boisson, quand elle est bue avec excès, donne une haleine, une odeur de transpiration qui lui est propre, que je saurais identifier au milieu d'autres odeurs tellement je l'ai en horreur…

Consciemment, je n'ai plus peur de D, mon inconscient lui est marqué à jamais semble-t-il.

Vous avez sans doute remarqué qu'en parlant de lui j'ai écrit « était ». Mon esprit le veut mort, mon ventre, mon cœur et mes veines aussi. Il n'existe pas en moi une seule molécule qui ne le considère comme mort. Car le monstre est mort. Si le souvenir persiste, le monstre lui est mort. Il ne peut plus me faire de mal, ne peut plus m'atteindre.

Mais D est encore bien en vie… Libre comme l'air, il vit aux crochets de la société depuis vingt ans. Soigné par son fils qui estime qu'il a suffisamment payé son erreur.

Ma mère.

Difficile de parler d'elle sans avoir l'air de faire son procès. Pourtant ce n'est pas ce qui me motive, ce n'est pas mon intention. Mais j'ai tant de choses à dire.

Ma mère et moi n'avons jamais été véritablement proches, je veux dire par là que nous n'avons pas grand-chose en commun. Nous n'avons que très peu d'affinités. Il m'est arrivé de penser que si ma mère n'était pas ma mère, elle ne serait pas non plus mon amie. Alors que je pense que si mon père n'était pas mon père, j'aurais souhaité le rencontrer quand même, pour l'homme qu'il est. Je ne ressens pas ça vis-à-vis de ma mère.

Ma mère et moi possédons un vécu commun, donc des anecdotes, des souvenirs, des choses comme il en existe dans toutes les familles ordinaires, sauf qu'en plus, nous partageons le souvenir du malheur.

Ce qui nous a unies, finalement, ce n'était que la douleur.

J'aimais ma mère, et je l'aime encore. Je l'aimerais toujours, même mal.

Je serais morte pour elle, je suis morte mille fois pour elle, mais elle ne le savait pas, et aujourd'hui elle refuse de l'admettre.

J'ai peu de souvenirs de ma mère heureuse, je me souviens son sourire quand mes frères sont nés, je me souviens comme elle était jolie avec ses boucles brunes dans sa jolie robe vert pâle avec les petites fleurs roses, elle portait des sandales à talons et je la trouvais si grande… Ma mère c'est cette jolie môme, la bouche pulpeuse et le regard sombre. Ma mère c'est aussi une personne à part dans ses raisonnements. Elle me faisait rire quand elle était fatiguée car elle me faisait des réponses absurdes tout en s'en rendant compte mais me défiait du regard, le sourire en coin comme si elle pensait « bah quoi, j'dis ce que je veux ! »…

Hélas, j'ai beaucoup plus de souvenirs d'elle qui me font du mal, je la vois toute triste, le visage tuméfié, je la vois toute recroquevillée sur elle-même, en souffrance. Je revois ses yeux, pleins de larmes, de détresse, de solitude. C'est vrai qu'elle a souffert, comme peu de femmes ont souffert. Sa vie a été une longue suite de coups, au cœur comme au corps.

D'abord, elle a été choquée par l'abandon de mon père, elle en a parlé tellement souvent, que je pense que jamais elle ne s'est remise de son départ. Elle idéalisait cette relation, la chute n'en a été que plus difficile. Je suis certaine qu'elle aimait mon père comme jamais elle n'a aimé personne. Je suis certaine qu'il restera à jamais sa plus belle histoire d'amour, la plus douloureuse aussi.

Je sais que c'était une jeune femme fragile, pas très mûre. Elle était influençable, et naïve.

Naïve, c'est certain, elle l'était. J'ai eu l'occasion de rencontrer des personnes qui l'ont connue avant ma naissance, jusqu'à la période où elle a rencontré D. Ils ont tous confirmé qu'elle était naïve, tout en insistant sur le fait que pour autant, elle savait bien ce qu'elle voulait. Elle savait se servir de son sourire pour amadouer son entourage. Elle était sollicitée par de nombreux hommes, il semble qu'elle ait choisi le pire. Il fallait vraiment qu'elle n'ait pas conscience des conséquences de cette relation.

Tous les avis sont les mêmes : elle avait le choix, pourquoi choisir D ? Pourquoi celui qui, de tous ses prétendants, avait la pire des réputations ? Pourtant ma mère a toujours été attachée à la réputation, aux « qu'en dira-t-on » … Alors pourquoi ?

Elle m'a toujours dit qu'il était le seul à avoir proposé d'être mon père. Le seul. C'était important pour elle. Peut-être était-ce le moyen de me reprendre avec elle, si elle était restée seule, elle m'aurait sans doute laissée chez mes grands-parents plus longtemps, peut-être toujours. En tout cas, D a rencontré une jeune femme triste, qui venait de subir un échec amoureux plus que douloureux, et qui souffrait de ne pas avoir son enfant auprès d'elle. Ses relations avec sa famille étaient tendues : mariée à cause d'une grossesse puis séparée de son mari…

Je crois qu'elle n'a rien vu venir, elle a cru à une possible nouvelle vie de famille, et elle est tombée dans un véritable piège. D a été immonde avec elle, durant vingt ans il l'a humiliée, battue, dévalorisée.

Elle était battue alors qu'elle était enceinte de mon premier frère. A cette époque, elle n'était pas mariée avec D. Mon petit frère est d'ailleurs né alors que D avait quitté notre appartement, et mon frère a porté le nom de jeune fille de ma mère. Ce fut très bref, D est allé à la mairie, a reconnu mon frère, puis il est revenu.

Ma mère dit qu'elle l'a épousé un peu forcée, à cause de ce nom que mon petit frère portait, de peur que D ne puisse lui prendre son fils. Je pense que c'est une excuse. Si ça ne l'est pas c'est qu'elle était encore plus naïve et désemparée que je le crois, et c'est terrible.

Elle n'a jamais eu la force de lui résister, il faisait d'elle ce qu'il voulait. De plus, aux yeux de mes grands-parents, la situation était intolérable, une fille-mère, de deux enfants… Pour des siciliens de l'époque, ce n'était pas envisageable. Alors cette union avec D a peut-être semblé à ma mère comme une solution pour apaiser la colère de son père. Je ne sais pas vraiment. Mais je pense que c'est possible.

Par la suite, elle a vécu dans une ambiance de peur constante. A chaque fois que D buvait, il la battait, ou au mieux, l'insultait. D n'a pas beaucoup travaillé jusqu'à ce que nous partions à Marseille. Par conséquent, il était souvent présent. Trop souvent. L'argent manquait, le quotidien était difficile.

Mais au milieu de toute cette grisaille, D lui offrait une vie en apparences pas mal. Nous recevions des gens hors du commun, musiciens, artistes. Ma mère devait trouver ça plutôt agréable, c'était enrichissant.

Quand nous sommes allés vivre à Marseille, nous vivions dans un HLM, en banlieue nord, mais l'on voyait la mer par la fenêtre et il y a avait de la lavande partout, et bien que nous ayons souvent eu à manger des pâtes, il y avait un beau magnétoscope dans le salon, une belle chaîne hifi, et D roulait dans des voitures relativement chères bien que d'occasion. Vu de loin, nous n'étions pas malheureux. Les apparences suffisaient-elles à ma mère ?

J'aimerais pouvoir dire que non, mais j'avoue que j'ai presque acquis la certitude que c'est ce qui nous a fait tant de tort : le souci des apparences.

Ma mère dit qu'elle ne savait pas ce que D me faisait subir. J'en doute. Elle ne savait peut-être pas tout, au début. Mais il y avait des coups, des brulures qui auraient dû attirer son attention. Aujourd'hui, elle prétend que ce n'étaient que des accidents, car D était maladroit… Comment n'a-t-elle pas fait le lien avec la violence qu'il lui faisait subir ? Comment n'a-t-elle pas douté ? Pourquoi croire qu'il avait cloué la fenêtre de ma chambre parce qu'elle fermait mal ? En HLM, elle aurait pu appeler la société qui aurait envoyé quelqu'un pour réparer… Au lieu de ça, un jour elle s'est rendu compte que ma fenêtre était clouée et ça ne l'a pas fait réagir. Ma chambre était une prison, avec du papier peint rose sur les murs, quelques objets de confort comme un joli bureau, une chaine hifi avec des spots, mais une prison... Elle ne le voyait pas ? Elle n'était pas dérangée par le fait que je n'avais pas le droit à une vie sociale, pas de copains, de copines... Le peu de fois où j'ai été invitée par des copines, D m'accompagnait et au lieu de me déposer comme prévu, restait là à fanfaronner avec mes copines qui le trouvaient super cool, super jeune d'esprit. Ma mère ne se posait pas de questions par rapport à ça... Mes absences injustifiées au collège non plus ne l'ont pas aidée à chercher à me comprendre. Mes malaises, mes tentatives de suicide...

Ma mère clame aujourd'hui que je mens car nous ne sommes pas d'accord sur un fait précis : la pilule.

Je me souviens parfaitement que j'ai eu la pilule en 1985, en septembre, ma mère m'avait emmenée chez le gynécologue. Je me souviens très bien de ça, parce qu'en sortant nous sommes allées faire des photos d'identité pour mon carnet de correspondance, je venais d'entrer en classe de troisième. Je me souviens aussi de cette période car j'étais harcelée par un élève de ma classe qui disait que j'avais des poils sur la figure, sur mon grain de beauté, et il m'avait surnommée la femme à barbe. J'en étais mal dans ma peau. Alors je me souviens très bien de quand nous sommes allées chez le gynécologue. D m'avait dit que si le gynécologue parlait du fait que je n'étais plus vierge, je devais prétendre que j'avais fait une chute à vélo et que j'avais saigné. Il disait que ça arrive de perdre son hymen de cette manière. Le docteur m'a auscultée, j'étais très mal à l'aise, ma mère était derrière un paravent, assise au bureau. J'avais peur qu'il dise quelque chose concernant ma virginité, et en même temps je l'espérais, comme s'il allait pouvoir déclencher quelque chose pour me sauver. Il n'a rien dit, il m'a prescrit la pilule, en disant que ça me permettrait d'être réglée plus réguliè-rement, et avec moins de douleurs.

C'est un épisode de ma vie que je n'oublierai jamais, je ne doute de moi à aucun moment. Je le sais.

Mais voilà... ma mère a une toute autre version. Elle dit qu'elle m'a emmenée chez le gynécologue quand j'avais au moins dix-sept ans, donc en 1988 (« tu étais au collège et tu tra-vaillais au centre aéré » m'a-t-elle crié pour appuyer son récit), elle dit qu'elle a demandé au gynécologue si j'étais vierge, et qu'il a dit « oui », et que c'est elle qui a demandé la pilule pour moi car, selon elle, je commençais à avoir des copains...

Mes frères la croient. Moi je sais qu'elle ment.

Et le fait qu'elle mente à ce sujet me met très mal à l'aise, et remet en question tout le bénéfice du doute que je lui avais accordé.

J'ai tenté de démontrer que ce qu'elle dit n'a pas de sens : à dix-sept ans je n'étais plus au collège, et quand j'étais au collège je ne travaillais pas au centre aéré ; elle n'a pas demandé au gynécologue si j'étais vierge, c'est faux, elle a donné son aval pour la pilule après que le docteur l'a eu proposée pour réguler mon cycle et pour que j'aie moins mal durant les règles. Je me souviens du nom de ma pilule : Gynovlane,il y avait un 3 à côté du nom et j'ignorais que cela désignait le nombre de plaquettes dans la boite. Lorsque le médecin généraliste a eu à me la renouveler il a demandé le nom de la pilule, je lui ai donné en disant « Gynovlane 3 » et il a souri un peu moqueur. Alors je sais, je suis certaine de ce que je dis.

Pour certains, cette histoire de pilule ne serait qu'un détail… Mais ça ne l'est pas : car selon ma mère, si j'étais vierge au moment où j'ai commencé à prendre la pilule, c'est-à-dire à dix-sept ans selon elle, alors tout ce que je raconte est faux. Ce qui lui permet de sous-entendre qu'il s'est effectivement passé quelque chose avec D, mais pas comme je le dis, et que finalement, j'étais peut-être consentante, puis j'ai regretté.

Je crois que ma mère ne pouvait rien me faire de pire que de chercher à me salir de cette manière.

J'ai eu tellement mal, que j'ai eu envie de l'étrangler. Nous étions au téléphone, et c'est tant mieux, car je n'aurais peut-être pas pu me retenir tellement j'ai été choquée, blessée, écœurée.

C'est donc ma propre mère qui en m'accablant et en faisant de moi une menteuse, une malade, une folle, dédouane D de ses responsabilités, lui offre un statut de victime, car finalement, si j'ai menti, alors, j'ai ruiné sa vie. Ruiné sa vie ? Il a continué à vivre comme avant, il a continué à la battre, il a continué à profiter des autres et du système.

Quant à ma mère, j'ai compris. Depuis deux ans, elle est mariée à un ancien commissaire de police. Un homme égoïste, avare, qui ne veut rien savoir du passé de ma mère, de notre passé. Il a joué le bon « pépère » auprès de mes enfants, mais d'une manière superficielle, bienséante, sans jamais s'impliquer dans notre vie. Pour lui, pour sauvegarder les apparences, ma mère préfère être la mère d'une malade plutôt que celle d'une enfant martyrisée par un ex-mari pédophile. Ma mère vit confortablement aujourd'hui, ce confort a un prix, c'est moi qui le paie. Je suis persuadée que si son mari était plus humain, plus tolérant, elle aurait agi autrement, ne se serait pas sentie obligée de nier des faits douloureux.

Elle clame son innocence, elle n'a rien vu, ne savait rien... C'est une voyante qui lui a dit ce que D me faisait. Elle prétend que c'est moi qui ai voulu partir, pour vivre avec un copain, en suppliant de ne pas aller voir la police pour protéger mes frères. Elle prétend que j'allais bien. Elle prétend que de toute façon, après mon départ elle m'a toujours épaulée, aidée.

Elle m'a dit « je ne suis responsable de rien ». Si elle n'est responsable de rien, si elle n'est pas responsable de ce qui m'est arrivé, alors elle n'est pas ma mère, car une mère est responsable de ses enfants.

Une mère n'aurait pas réfléchi, elle aurait emmené ses trois enfants, serait allée voir la police, et aurait demandé une enquête, même en cas de doute sur la véracité des faits. Une mère aurait emmené sa fille chez un médecin, pour s'assurer que rien d'irréversible n'avait été commis, une mère se serait souciée de l'état psychologique de sa fille. Une mère n'aurait pas laissé sa fille se débrouiller seule, sans argent, sans soins, sans assurance maladie.

Ma mère prétend que je mens. Elle m'a demandé combien de fois D m'a violée, j'ai répondu « des centaines de fois ». Elle dit que c'est impossible. Je jure sur ce que j'ai de plus cher au monde que je n'exagère pas. Loin de là... Mais quand même, dans mon cœur de mère, dans mon ventre de mère, quiconque toucherait à ma fille une seule fois signerait son arrêt de mort. Une seule fois aurait dû lui suffire à trouver ça insupportable. Une seule fois.

Ma mère s'est jetée à corps perdu dans un déni qui fait de moi un monstre. Elle a su habilement faire de mes frères ses alliés, je ne parle même pas de son dernier mari, qui doit avoir la grande satisfaction de ne plus avoir à trouver d'excuse bidon pour éviter de nous rendre visite... Je suis une menteuse, une malade mentale, je devrais aller me faire soigner.

Ma mère prétend que je mens, que je me suis fabriqué un passé, une vie qui ne sont pas la réalité. Elle prétend que je manipule mon entourage, mon mari, mes enfants, mes amis... Ceux qui m'entourent sont donc tous des imbéciles, des aveugles. Ceux qui me croient sont stupides et naïfs.

Elle oublie dans son délire que ceux qui m'entourent, pour certains, la connaissent bien, et qu'ils se souviennent qu'elle n'a pas toujours eu ce discours. Elle oublie que chacun d'eux l'a vue, entendue, observée.

Elle oublie que certains, se souviennent m'avoir vue, quand j'étais adolescente, avec des marques de coups.

Elle dit que « les gens » ne savent pas qui je suis, mais elle le sait.

Mais il ne lui suffit pas de m'avoir blessée à ce point, il ne lui suffit pas de me montrer un tel mépris. Non, elle a également décidé de culpabiliser mes enfants. C'est vrai, j'ai décidé de couper les ponts avec elle, de la sortir de ma vie. Mais j'ai dit à mes enfants qu'elle reste leur grand-mère, et que mes problèmes avec elle ne les concernent pas. Malheureusement, ma mère a cru bon d'ignorer l'anniversaire de ma fille. Elle dit que de toute façon à deux ans, ma fille ne s'en rend pas compte. Admettons. Mais mes fils ont guetté la boîte aux lettres, persuadés qu'elle enverrait au moins une petite carte… Rien. A Noël, elle s'est contentée de leur envoyer un sms. Alors quand elle a contacté mon fils par sms à nouveau, quelques mois après, il lui a répondu qu'il aurait souhaité que sa petite sœur reçoive au moins une carte postale à son anniversaire, et que son frère et lui attendaient mieux qu'un sms à Noël. Elle n'a pas supporté qu'il ose lui mettre le nez dans son caca… Elle a d'abord prétendu que c'est moi qui avais envoyé le sms et pas mon fils, mais malheureusement, je n'étais même pas présente lorsque c'est arrivé. Alors, par dépit, elle a laissé un message vocal à mon fils pendant qu'il était en cours, un message où elle lui dit qu'il est odieux, que son comportement est abject : « tu as oublié ce que ta mère m'a fait, tu sais pas ce qu'elle m'a fait ? Et tu as oublié, qu'elle t'a abandonné quand tu étais petit ? »…

Mettez-vous à la place de mon fils… Il a perdu ses cheveux sur la surface d'un pouce adulte, choqué par la méchanceté dont est capable sa grand-mère. Nous en avons parlé, et il m'a dit qu'il sait que je ne l'ai jamais abandonné, il sait que même quand nous étions séparés je l'appelais tous les jours. Ce n'est pas ça qui le met en colère, c'est de se rendre compte que ma mère est capable de cruauté dès qu'on lui fait remarquer qu'elle a mal agi. Elle refuse d'assumer ses responsabilités avec lui aussi. Et ça, mon fils a du mal à l'encaisser.

Elle a donc décidé de sortir de la vie de mes fils, en faisant en sorte de passer pour une victime, en disant que c'est moi qui fais barrage, que je manipule mes enfants. Et de toute façon, si elle a été maladroite avec mon fils, c'est normal, car elle avait perdu son père quelques semaines auparavant. Elle a oublié que si elle a perdu un père, j'ai perdu mon grand-père, la seule vraie image paternelle de ma vie, et que mon fils lui a perdu un arrière-grand-père dont il porte le prénom. Elle ne voit encore que sa propre douleur, ignorant la nôtre.

Elle pouvait me faire autant de mal qu'elle voulait, à force, je crois que je ne m'y serais plus attardée. Mais jamais elle n'aurait dû faire souffrir mon fils. Et ça, jamais je ne lui pardonnerai.

Ma mère est cette femme dont la vie n'a été qu'une suite d'échecs, de douleurs, de manques, de solitude, de frustrations. Elle a enfin une vie sociale normale, elle a un mari qui ne la bat pas, lui assure un toit et un train de vie confortable. Mais tout ça ne réparera pas les années qu'elle a perdues, la vie triste qui a été la sienne.

Et ces années maudites, à ses yeux, j'en suis la cause. Je pense qu'elle m'a toujours reproché le départ de mon père. Inconsciemment, sans doute, mais j'ai toujours senti de l'amertume quand elle évoquait ma naissance qui avait tout compliqué, que mon père et elle étaient trop jeunes, etc.

Par la suite, c'est pour m'offrir un foyer qu'elle s'est mise en couple avec D. Et c'est moi qui suis la cause de la chute de sa famille dans le gouffre. C'est peut-être totalement inconscient, mais elle m'en a toujours voulu.

C'est de ma faute si mon frère est devenu délinquant car j'ai brisé sa vie en dévoilant les viols que je subissais. Elle oublie que c'est elle qui a souhaité lui dire, et qui l'a dit comme on annonce qu'il va y avoir de l'orage.

Tout est de ma faute. Je suis donc, selon l'expression d'une amie, « le bouc émissaire de la vie de merde de ma mère ».

Je lui souhaite de vivre heureuse. Mais je doute qu'elle y parvienne, car elle se convaincra que je suis un monstre, elle se convaincra que mes enfants lui manquent, et finalement elle souffrira d'une situation qu'elle a elle-même engendrée.

Dans son dernier message, elle me dit « reste comme tu es, ne change pas, mais tu ne seras jamais heureuse car je ne pense pas qu'on puisse être heureux quand on est mauvais ». Je crois même qu'elle n'a toujours pas conscience que je suis heureuse, que j'aime ma vie.

Je crois que ma mère ne me connaît pas. Je crois qu'elle ne m'a jamais aimée réellement, pour ce que je suis. Elle a aimé instinctivement son bébé, son enfant, mais que valait cet amour alors qu'elle ne voyait pas ce que j'endurais, à quel point j'étais malheureuse ? Ce que je suis aujourd'hui la dérange, parce que je suis la seule personne au monde qui ose lui envoyer ses échecs et responsabilités en pleine figure. Je suis la seule qui remette en question ses affirmations considérant que ce n'est pas parce qu'elle est ma mère que tout ce qu'elle prétend est vrai. Je suis une personne qu'elle n'aime pas, parce que je ne suis pas comme elle, nous n'avons aucun centre d'intérêt commun, j'ai une volonté qu'elle n'a jamais eu, j'ai le bonheur, la famille qu'elle n'a jamais eu. Je ne suis pas elle, et pire, il s'avère que je suis plus forte qu'elle, et qu'elle n'a aucune leçon à me donner. J'imagine à quel point ce doit être insupportablement frustrant pour elle…

Elle ne me manque pas. Ce qui me manque c'est « l'idée d'une mère », un lien maternel, quelque chose qui rassure. Mais elle, la femme qu'elle est ne me manque pas. Pourtant je l'aime encore et j'ai un pincement au cœur quand je regarde cette photo de nous deux où j'avais deux ans.

Ma mère a été une femme brisée, enfermée dans sa propre douleur et donc incapable de voir la mienne. Elle était malheureuse, épuisée, et par moment elle n'était que l'ombre d'elle-même. Je sais tout ça. Je sais à quel point elle a dû encaisser des épreuves pour parvenir à mener enfin une vie paisible. Je sais qu'elle s'est souvent sentie seule, désemparée, humiliée. Mais si je sais, si j'ai su la voir alors que j'étais une môme terrifiée, pourquoi n'a-t-elle pas su me voir ?

Les liens entre nous ont été fragilisés par les manipulations de D, c'est évident. Si ma mère et moi avions pu mener une vie normale, nous aurions été heureuses, et je crois que nous serions très proches. Mais elle a été façonnée, et notre vécu repose sur des apparences et des mensonges, sur de la douleur et des non-dits. Ma mère n'était pas et n'est pas une mauvaise personne. Elle est une victime qui n'a pas été entendue, n'a pas fait de travail sur elle-même pour comprendre ce qui lui est arrivé. Elle ne peut pas me comprendre car elle ignore tant de choses à mon sujet. Alors d'une certaine manière, son comportement est presque légitime, car il est une chose évidente à mes yeux : je pense que le problème n'est pas que ma mère ne veut pas me croire, mais plutôt qu'elle veut croire de toutes ses forces à une autre vérité, moins douloureuse, moins monstrueuse. Parce que c'est insurmontable. Comment, après avoir été manipulée par son mari, battue, réduite à l'état de domestique, sans aucun droit, comment après être sortie de cet enfer ma mère pourrait-elle réaliser ce que j'ai vécu et ne pas s'effondrer ? Quand j'essaie de me mettre à sa place, je me dis que je mourrais tant je ne saurais pas supporter l'idée des horreurs dont D a été capable. S'il s'agissait de mon enfant je n'aurais pas la force de supporter d'être celle qui n'a rien vu. Alors, est-il nécessaire de lui faire tant de mal ? Certains me disent que oui, d'autres pensent que je dois la pardonner. Je ne me sens la force ni de l'un, ni de l'autre, alors je préfère la distance.

Elle n'a pas été une bonne mère pour moi. Ce n'est pas elle qui a souhaité mon malheur. Je crois qu'elle ne souhaitait que mon bonheur mais elle a fait de mauvais choix, poussée par des circonstances douloureuses et guidée par D qui a su profiter de sa détresse. D'ailleurs, je pense qu'elle a été une meilleure mère pour mes frères, notamment quand elle a quitté leur père. Elle a alors trouvé en elle l'énergie et la force indispensables pour reconstruire sa vie et en arriver là où elle est à présent. Je suis très fière d'elle quand je pense à ça, car peu de personnes seraient capables de remonter la pente comme elle l'a fait. C'est ce qui me pousse à croire que sans D notre relation aurait été bien différente. Ma mère a en elle des ressources endormies car trop longtemps réduites au silence, voire même étouffées dans l'œuf par D. Elle aurait pu devenir une femme remarquable que j'aurais prise en exemple. Je suis triste quand je pense à ça car je me dis qu'elle est passée à côté de sa vie à cause d'un monstre. Mais c'est un fait, elle a échoué avec moi.

Ma mère reste la grand-mère de mes enfants, j'espère qu'elle saura retrouver le chemin de leur cœur avant qu'il ne soit trop tard. Mais il me semble évident que sans un travail en profondeur sur elle-même et sur la vie que nous avons menée, elle ne parviendra pas à ravaler sa fierté et accepter les choses telles qu'elles sont.

Je l'aime, tout en la détestant. Je la pardonne sans parvenir à accepter son regard, son déni.

Je n'attendais pas grand-chose d'elle, je souhaitais juste qu'elle soit capable de dire « c'est vrai, tu as souffert et je suis responsable de ce qui t'es arrivé, mais à présent je suis là et je vais te soutenir, je vais t'aider à aller mieux ». C'est tout ce que j'attendais de ma mère, et elle ne l'a jamais dit. Elle a seulement dit « je ne suis responsable de rien, tu n'avais qu'à parler ».

C'est chose faite, j'ai pris la parole.

Mon père.

Il est important que je parle de lui, parce que forcément, il a sa part de responsabilités. S'il s'était battu pour rester mon père, rien ne serait arrivé.

Mon père était immature et égoïste à ma naissance. Il a disparu de ma vie progressivement, et je n'ai que deux souvenirs de lui durant mon enfance : le premier, j'étais au supermarché avec ma mère et ma grand-mère, devant le rayon des viandes, un homme s'est retourné et m'a tendu les bras, je me souviens être allée vers lui en courant, et il m'a prise dans ses bras, serrée très fort. Ma mère m'a reprise et ma grand-mère a dit « il ne faut pas aller avec ce monsieur, il est méchant ». La deuxième fois, j'étais assise dans un café avec ma mère et mon petit frère. A travers la vitre nous avons vu une voiture s'arrêter au feu rouge, à l'arrière il y avait un homme avec un bébé sur les genoux. Au moment où la voiture redémarrait, ma mère m'a dit « c'était ton père et ta petite sœur ». Jusque-là, j'ignorais que j'avais une sœur… J'ai à peine eu le temps de voir le visage de mon père.

Le visage de mon père… Je ne le connaissais pas. Pas une photo, mis à part une où l'on ne voyait pas distinctement ses traits. Ma mère me disait qu'il était très beau. Je n'avais pas une seule image pour savoir si je lui ressemblais, même un petit peu.

Durant des années, j'ai fait un cauchemar : je courais vers un homme qui était de dos, j'étais heureuse mais quand il se retournait, il n'avait pas de visage, puis une lumière vive m'aveuglait et il se transformait en monstre, il devenait D.

Il m'a fallu des années pour comprendre le sens de ce cauchemar et faire la relation avec mon premier souvenir de lui.

Mon père m'a été dépeint comme un moins que rien pendant toute mon enfance : un fainéant, un « pédé », un coureur de jupons, un lâche… j'en passe. D prenait beaucoup de plaisir à parler de mon père avec des mots insultants. Ma mère le salissait moins, elle disait bien de lui qu'il avait été lâche, menteur, fainéant et qu'il l'avait trompée, tout en me racontant sa sublime histoire d'amour avec ce jeune homme magnifique, cet artiste doué, elle me parlait de ses mains, de ses yeux dont j'avais hérité, de ces expressions dont j'avais également hérité et même de certaines de ses manies qu'elle retrouvait chez moi. Elle a commencé à reprendre contact avec lui quand nous étions à Marseille, par téléphone. Elle me le passait quelques minutes, en cachette, car D ne devait rien savoir. Mais je ne devais pas parler de n'importe quoi… je pouvais dire que j'étais une bonne élève, et que j'avais une jolie chambre.

Quand ma mère me parlait de lui, elle me parlait d'un homme superficiel. Quand à dix-neuf ans j'ai eu l'occasion de rencontrer mon père, il a fallu le cacher à D (alors que je ne vivais plus avec eux depuis bien longtemps !), ma mère ne voulait pas qu'il ait de la peine, se mette en colère… J'avais pris l'avion, mon père avait envoyé un billet. Je crois que je n'ai jamais rien espéré autant que ce jour-là. Mon père… Enfin ! Je m'étais préparée à rencontrer cet homme dépeint par ma mère, et donc, j'ai rencontré un parfait inconnu. Rien de ce que m'avait dit ma mère ne correspondait avec l'homme en face de moi, si ce n'est ce détail : le plus bel homme du monde. Mais je ne pense pas que je la voyais comme ma mère cette beauté... J'ai vu des yeux vifs, curieux, généreux, un regard intelligent et ouvert, un regard différent. Au moment où j'ai vu mon père, je l'ai reconnu, il était mon père, le seul, celui à qui je voulais ressembler.

Mais mettez-vous à sa place, il avait laissé un bébé, une toute petite fille, et il retrouvait une fille de dix-neuf ans. Un fossé nous séparait. Et je ne pouvais pas parler de ce que j'avais vécu. Ma mère ne voulait pas. Et je ne le souhaitais pas, comment le faire d'ailleurs ? Alors il ne savait pas qu'il avait devant lui une fille complètement cassée, en souffrance, qui ne savait pas comment se comporter, qui ne savait pas comment on doit être avec un père, avec une sœur, avec des gens normaux. J'étais nerveuse, je riais pour rien, je parlais beaucoup, de tout de rien, pour combler les silences, j'avais peur qu'il me croie bête, lui aussi... J'avais peur qu'il me trouve laide, lui qui aimait tellement les belles filles comme me l'avait dit ma mère. Je ne savais pas quoi lui dire. J'ai été nulle. Evidemment il n'a pas cherché bien loin non plus ... Alors nos rapports ont démarré sur cette rencontre manquée. Les années perdues ne se rattrapent jamais.

Un jour, des années après, ma mère a souhaité que je lui parle de mon enfance. Elle nous a réunis à une table, dans un salon de thé, et elle a commencé à parler, en disant qu'il fallait

195

qu'il entende ce que j'avais subi, et comment *nous avions vécu*. Alors j'ai parlé. Je n'ai dit que ce que j'arrivais à dire. Mais j'ai parlé. Mon père était bouleversé, choqué. Il me regardait avec des larmes dans les yeux, et là je l'ai vu se sentir coupable. Je crois que c'est l'une des pires choses qui pouvait nous arriver, qu'il se sente coupable. Parce que finalement, j'ai eu le sentiment par la suite de n'être plus que le reflet de sa culpabilité. J'avais l'impression que tout était faussé. Lui qui était avare de signes d'affection pour moi, devais-je considérer que son intérêt après ces révélations était véritable ou simplement nourri par la pitié, le remord ?

Nos relations ont toujours été très compliquées. Je ne l'ai pas vu assez souvent pour que nous ayons des souvenirs communs, une histoire de vie. Mon père est malade, un cancer qui semble l'avoir condamné. Je sais que je ne le reverrai jamais parce que je n'y arrive plus. Je suis allée vers lui si souvent, et si souvent de façon maladroite. Je ne peux plus. Il ne m'a jamais montré que je compte pour lui. Je crois finalement qu'il est aussi maladroit que moi. Je crois que comme moi, il préfère ne pas prendre le risque d'une déception, d'un abandon. Ou quelque chose comme ça… Pourtant, j'aurais tellement aimé qu'il soit fier de moi. Je lui ressemble, ma mère avait raison au moins pour ça. Et j'ai compris que mes affinités musicales, artistiques en général, ma curiosité, mon petit côté cynique, mon tempérament colérique et mon aversion pour la complaisance me viennent de lui. Ce sont des choses qui me rassurent, car ce sont des choses qui étaient là en moi, depuis toujours. Ce n'est pas un résidu du façonnage de D, c'est l'héritage de mon père. Cet homme dont je suis fière d'être la fille. Je sais qu'il est loin d'être un homme parfait, je sais qu'il a été un père nul, un mauvais mari, je sais qu'il est difficile à bien des points de vue, mais je sais aussi que je tiens de lui cette sensibilité à fleur de peau. C'est mon père. Ni D ni personne ne m'enlèvera cet acquis, cette racine. Et même s'il ne fait pas partie de ma vie, je l'aime, je le respecte, et je suis fière de lui.

Je n'ai jamais pu l'appeler « Papa ». J'en suis profondément triste.

Mes frères.

Je ne vais pas m'éterniser sur ce sujet.

J'ai envie de vous dire à quel point je les ai aimés, à quel point j'ai été fière d'eux, à quel point je serais morte pour eux. J'ai été capable d'endurer le pire, imaginant que c'était pour leur épargner de devenir à leur tour des victimes.

Je n'attendais pas de remerciement, je n'attendais pas de reconnaissance éternelle.

Mais je ne m'attendais pas à être à ce point rejetée, montrée du doigt, méprisée.

Le plus vieux de mes frères a toujours été lâche. Il est d'une nature hypersensible, mais il n'a jamais admis l'idée que ce que nous avons vécu nécessitait une prise en charge psychologique. Bien entendu, pour tout le monde il était normal que JE fasse l'objet d'un suivi, car je suis dérangée... Il était logique pour tout le monde que je me fasse soigner puisque j'étais dépressive, perpétuellement en colère... Mon frère s'est caché la vérité, il estime qu'il va bien. Pourtant je suis loin d'être de cet avis. Sa vie sentimentale autant que professionnelle, ses déboires avec la justice, son passé de toxicomane... je ne crois pas au hasard. Il souffre depuis des années, en silence, et finalement sans savoir pourquoi étant donné qu'il ne sait que très peu de choses sur ce qui m'est arrivé. Alors il prétend que c'est moi qui ai ruiné se vie, que j'ai menti ou en tous cas exagéré... Il prétend que je suis seulement méchante, que j'écris ceci pour faire du sensationnel, « faire du fric » … Mon frère n'a pas pu tout oublier. Il sait. Il doit savoir que son père est un monstre. Mais il préfère le prendre pour un pauvre homme, le soigner, et considérer qu'il n'a pas été aussi mauvais que je le prétends, que ce n'était sans doute pas si grave que je le dis… Alors j'ai décidé de le laisser à son père, à sa mère, à ses illusions.

Mais je trouve assez particulier de prétendre que je n'ai pas le droit de parler, que je dois taire ces « histoires qui ne concernent que la famille », alors que si j'en parle c'est aussi et surtout pour faire remarquer que je vais bien, que j'avance, que je me sors de cette vie-là.

Mon frère lui, préfère taire ce côté sale et obscur de sa vie, pourtant, chaque fois qu'il a subi un échec, qu'il soit professionnel ou amoureux, il a réussi à se servir de son enfance pas très heureuse pour excuser ses difficultés. Quant au fait qu'il a été voleur, dealer et toxicomane : ce n'est pas parce que c'est dans sa nature de ne pas être honnête, c'est parce que sa vie a basculé dans l'horreur, *à cause de moi*, quand ma mère lui a dit « ton père a violé ta sœur ». Je peux comprendre qu'en effet, tout ça l'a marqué à vie, et non seulement je le comprends mais je le clame, et donc je continue de penser qu'une thérapie l'aiderait. Mais cela fait partie des incohérences dans son discours.

J'avoue qu'au bout d'un certain temps, je trouve facile d'utiliser son malheur pour tout se faire pardonner tout en estimant que me concernant, je suis impardonnable… Alors je suis forcée de penser, que finalement, ce que je ressens il s'en fiche pas mal, et que seule compte sa petite vie tranquille, pas trop active, pas trop engagée, pas trop compliquée, entouré de ses parents. D'ailleurs, il préfère vivre près de chez ses parents plutôt que de ses quatre enfants qui vivent à huit cents kilomètres... Cet homme là je le trouve assez méprisable, plutôt lâche et imbu, et surtout incapable de se remettre en question et d'assumer les conséquences de ses actes. J'aimerais tellement qu'il accepte de considérer qu'il a besoin d'aide psychologique, de vider son sac, de comprendre pourquoi on en est tous arrivé là. Mais je le comprends aussi, pourquoi se faire du mal ? Je sais pourquoi : parce que c'est l'unique façon de pouvoir mener une vie sereine. Lui, ne le sait toujours pas. Il pense que la vérité est nuisible, et tout ce qu'il ignore n'existe pas. C'est simple, et si l'efficacité de ce concept n'est que superficielle, elle lui convient.

Je préfère garder le souvenir de ce bébé qui a été mon rayon de soleil plutôt que de voir pourrir le souvenir de lui sous des tonnes de déni et de mépris. Il me manque, parfois, mais c'est le môme qui me manque, pas l'homme qu'il est devenu. J'ai voulu lui accorder ma confiance, mais j'ignorais que depuis toujours la seule chose qu'il me reprochait était d'avoir ruiné sa vie. Il semble avoir oublié que c'est aussi ma vie dont il était question. Il ignore qui je suis et prétend pouvoir me juger. Je lui souhaite de ne pas avoir à souffrir à nouveau des manipulations de son père, et de mener sa vie comme il aimerait qu'elle se déroule. Mais partant du principe qu'il me méprise depuis des années tout en étant capable de me faire penser le contraire, je pense qu'il est dans mon intérêt de le tenir éloigné de ma vie.

Quant à mon autre frère, il était trop jeune pour avoir des souvenirs qui ne soient pas interprétés par ma mère. Et c'est sa mère, elle ne peut pas mentir, elle ne peut pas avoir tort.

Il est capable de lui trouver des circonstances atténuantes en disant « mais souviens toi de l'emprise que mon père avait sur elle, à quel point c'était difficile pour elle ». Et c'est vrai. Mais pourquoi devrais-je accepter de mentir encore sur ce qui m'est arrivé pour sauvegarder l'image de cette mère… Donc tout ce que je dis est sujet à décortication minutieuse de la part de ma mère, elle donne sa version… Même quand je lui démontre que ce qu'elle dit ne tient pas debout, je reste celle qui inspire le doute. Il garde un contact distant, vient deux fois par an, fait comme si tout était normal. Mais il a mis un mur entre sa vie et moi. Il doit bientôt se pacser, je l'ai su par une tierce personne… Lui ne m'a même pas parlé d'une compagne… Il en a vaguement parlé à mon mari, mon fils, mais à moi, pas un seul mot, j'ignore le prénom de ma future belle-sœur…

Je ne veux plus m'impliquer d'ailleurs, alors je ne demande rien. J'avoue que finalement, ça ne m'intéresse pas puisque je ne fais plus partie de sa vie.

Je ne suis donc pour mes frères qu'une source de problèmes, de déceptions, et surtout : mon absence est parfaite, car sans moi dans leur quotidien ils n'ont plus à assumer le fait d'être les fils d'un pédophile, plus à expliquer à leurs compagnes le pourquoi d'une famille si écartelée.

Je leur ai rendu service en me retirant de leur vie.

Mes frères sont deux petits garçons adorables. C'est le souvenir que je garde, ces deux gamins tellement étonnants, ces sourires, le souvenir de petits moments de vie, des petits trucs a priori anodins.

Ceux qu'ils sont aujourd'hui me sont autant étrangers que je le suis devenue pour eux.

C'est triste, pathétique de constater que D a réussi à me prendre mes frères.

Ils me pensent folle, malade, menteuse et méchante, ou au mieux dérangée et ancrée dans le passé. Je n'ai plus envie de me battre pour qu'ils se décident enfin à me regarder en face et me voir telle que je suis. Je sais que ma parole ne fait pas le poids face à celle de ma mère, de leur mère. A quoi bon d'ailleurs ? Le mal est fait.

Je ne suis pas malheureuse, ils ne me manquent pas. Parce que j'ai appris depuis longtemps à faire ma vie sans eux. Ils ignorent tellement de choses à mon sujet, qu'en réalité, c'est depuis bien longtemps que je n'existe plus pour eux. C'est seulement qu'ils ne le savaient pas.

Ils ne savaient pas, que depuis longtemps, j'avais cessé de croire en eux, je m'étais contentée de les aimer.

Mes enfants.

Comme je l'ai expliqué, au départ je voulais devenir maman pour avoir quelqu'un à aimer et être aimée en retour. C'est loin d'être la meilleure des raisons... Mais une chose est certaine, je voulais mes enfants, plus que tout au monde, j'ai souhaité la naissance de chacun de mes trois enfants.

Devenir maman quand on a été une enfant maltraitée, violée, c'est difficile. Pas tous les jours, mais à différents moments. On doute de soi, des autres, on a peur de ce qui pourrait arriver, on se demande en qui faire confiance et jusqu'à quel point.

Et puis surtout j'avais peur, D avait promis quand j'étais ado, que si jamais un jour je parvenais à avoir un mari et à être enceinte, il égorgerait mon mari, et « crèverait mon bébé » dans mon ventre. Il m'a répété ça si souvent, que forcément, ses paroles ont résonné longtemps dans ma tête.

Quand j'étais enceinte de mon premier fils, j'avais peur qu'il ressemble à D. Comme s'il était son enfant. Comme si j'étais tellement souillée au plus profond de mes entrailles que ce qui sortirait de moi serait monstrueux, sale. Et donc, forcément, j'ai commencé à délirer, à douter, à hésiter. Il m'a fallu cette échographie, ce moment où j'ai vu bouger mon bébé, où j'ai entendu son cœur battre comme un petit métronome pour prendre enfin conscience que ce bébé-là était le mien, à moi, toute seule. J'ai enfin pu penser à l'avenir de ce petit garçon, lui offrir un prénom.

Mais un doute subsistait : allais-je devenir une maman maltraitante ? Je l'avais tellement entendu dire, que je doutais de moi. Alors je suis allée consulter une psychologue, et je lui ai posé la question. Elle m'a répondu ceci : « si vous vous posez la question, c'est que vous avez conscience qu'il peut exister un risque, et que donc vous êtes vigilante. Cela signifie que non, vous ne reproduirez pas car vous savez que c'est mal, que vous ne le souhaitez pas, et que vous saurez, comme vous le faite maintenant avec moi, demander de l'aide si jamais vous ressentiez encore des doutes ». Ses paroles ont été comme une fenêtre qu'on ouvre pour respirer de l'air frais ! Je me suis sentie libérée, et j'ai osé avancer avec moins de stress, moins de doutes. J'ai été comme les futures mamans ordinaires, avec sans doute quelques cauchemars en plus.

Mon accouchement en revanche a été éprouvant, physiquement et psychologiquement.

Mon fils est arrivé en avance, avant les huit mois de grossesse. D'un bon poids et d'une bonne taille, il n'était pas dans la bonne position, mes contractions étaient très peu efficaces, il ne « descendait pas ». Après une nuit passée à attendre dans le doute, dans une chambre de la clinique, avec des contractions douloureuses, j'ai été amenée en salle de travail, et j'ai subi un déclenchement. Mais rien ne se passait, et finalement, j'ai subi une épisiotomie et mon fils a été tiré aux forceps. La sage-femme en colère après l'obstétricien m'a dit qu'il aurait dû décider d'une césarienne depuis des heures, qui aurait été moins traumatisante pour mon bébé et moi.

Beaucoup de femmes vivent ce type d'accouchement, hélas. Mais dans mon cas, je vous laisse imaginer avec quelle violente détresse psychologique j'ai vécu le fait d'être découpée aux ciseaux, à vif et sans avertissement. Avec quelle honte j'ai subi le fait qu'on « tire le bébé de mon ventre », car je ne savais pas le mettre au monde toute seule... Avec quelle angoisse j'étais persuadée que j'allais mourir sans voir le visage de mon fils. Cet accouchement a été une épreuve, il m'a fallu quelques semaines pour m'en remettre, car à la suite de mon accouchement, j'étais violée et mutilée chaque nuit en cauchemar.

Je n'ai pas renoncé pour autant à l'idée d'avoir d'autres enfants. Et rapidement, j'ai souhaité la naissance de mon second fils. Je dis « fils », parce que c'est bien ce que je voulais. Pour mes deux premiers enfants, je voulais des garçons, je ne me sentais pas en mesure de devenir maman d'une petite fille. J'ignore ce qui serait passé dans ma tête si l'on m'avait annoncé une petite fille... Mais le problème ne s'est pas posé.

J'ai vécu une seconde grossesse difficile, médicalement, car mon bébé ne tenait qu'à un fil. On m'avait conseillé de me faire avorter, argumentant que je le perdrai de toute façon et que je risquais de mettre ma santé en danger. Mais j'ai refusé, j'avais vu mon bébé, entendu son cœur battre, il était là, et s'il devait ne pas naître, alors c'est la nature et lui qui en décideraient. J'ai parlé à mon bébé tous les jours, je regardais mon ventre et lui disais « tiens bon, on a encore fait un jour, tu vois tu peux le faire ! ». Mon second fils est donc né seulement dix jours avant la date prévue. Malgré des problèmes de santé qui n'étaient pas liés à cette grossesse, c'est aujourd'hui un ado qui va fort bien et profite de la vie.

Mes fils ont dix-huit mois d'écart. Malheureusement, je n'ai pas su être une mère exemplaire.

Je n'étais finalement pas assez en paix avec moi-même, avec mon enfance pour savoir gérer le quotidien. Les difficultés surtout. Et quand leur père a commencé à dériver, j'ai sombré. Il faut dire que j'étais très peu aidée, la famille de leur père n'étant pas présente, ma mère n'a jamais été une grand-mère très proche, elle ne m'a pas accompagnée dans mes grossesses, n'a jamais pris les enfants en vacances ou en week-end. Donc je devais gérer seule, leur père travaillant six jours sur sept à raison d'une moyenne de dix à douze heures par jour... Quand on n'a pas de modèle familial, quand on n'a pas vraiment d'exemple à suivre, ce n'est pas toujours évident de gérer et supporter le quotidien.

Je ne vous raconterai pas les détails d'une vie conjugale vouée à l'échec, mais je vous dirai simplement que je n'aurais pas dû me marier, je n'y étais pas prête, mon mari non plus. De plus, ce mari souffrait de troubles psychologiques dont je n'avais pas conscience, et là encore le fait de ne jamais vouloir regarder la vérité en face m'avait lentement fait glisser vers le gouffre. Quand il a commencé à disparaître, à mentir, j'ai vécu de nouveau une série de troubles : insomnies, angoisses, et les souvenirs sont revenus à la surface, douloureux, lancinants, envahissants. Petit à petit nous sommes allés vers un divorce, très sale, très moche.

J'avais décidé de tenir ma famille à l'écart des raisons qui me poussaient à demander le divorce. Deux raisons à cela : premièrement, ça ne les concernait pas directement, et mon mari et moi avions décidé de faire les choses dignement. Je pensais donc inutile de leur exhiber les torts de cet homme qu'eux considéraient, a priori, comme frère, fils. Je ne souhaitais pas non plus qu'un jour ce soient eux qui parlent de ces dérives à mes enfants. Deuxièmement, j'avais trop de choses à cacher. Comment parler de mon couple, mon intimité à cette famille qui ignorait tant, et en qui j'avais trop peu confiance ? Pour éviter les explications hasardeuses, j'ai préféré garder le silence. J'imaginais bêtement que peu importait le motif qui me poussait à divorcer, ma famille respecterait ma décision et me soutiendrait.

J'ai voulu gérer seule mon divorce, et ce fut une catastrophe pour mes enfants, qui en ont été victimes. Leur père a finalement suivi les conseils d'une avocate sans scrupules. Il a fait semblant, devant moi, d'être toujours dans un processus de divorce « propre », et en réalité, il préparait un dossier contre moi pour obtenir la garde des enfants. Il a réussi à faire naître le doute dans l'esprit du juge grâce aux faux témoignages qu'il a produits (m'ayant décrite comme une mère qui battait ses enfants dans la rue, ne les nourrissait pas, etc.) et des explications concernant mon enfance qui me réduisait à l'état de caricature : enfant maltraitée donc mère maltraitante. Le juge a donc décidé une garde alternée, plutôt que de m'accorder la garde que je demandais avec un droit de visite sans conditions pour leur père. C'était une sécurité avait-il dit... Sécurité... Ou un coup de couteau planté dans mon cœur.

Mais leur père, avec d'énormes problèmes de santé à la fois physiques et psychologiques, commençait le travail à six heures du matin. Dans un premier temps, il les laissait dormir chez une voisine. Ils dormaient sur un matelas à même le sol d'un placard qui sentait l'urine de chien, ils s'en souviennent encore... Ensuite, quand il n'a plus été en mesure de payer cette voisine, il a chargé mon fils aîné, sept ans, de le réveiller (à 4h45), puis de gérer le réveil, le petit déjeuner, la toilette et le départ à l'école de son petit frère et lui...

Entre temps, il avait réussi à me soutirer grâce à une assistante sociale peu scrupuleuse, ma signature pour lui céder les allocations familiales que le juge m'avait accordées étant donnés nos revenus respectifs. J'ai donc été considérée du jour au lendemain comme célibataire sans enfant par l'administration et j'ai perdu mon aide au logement. Je ne pouvais plus payer mon loyer. Malade, je suis devenue dépressive, les arrêts de travail successifs m'ont mise en grandes difficultés financières, je ne pouvais plus rien, pas même accueillir mes enfants. C'est ainsi que le 2 novembre 2003 j'ai tenté de mettre fin à mes jours.

Certains pensent que quand on aime ses enfants, on ne se suicide pas. Dans l'absolu c'est sans doute vrai.

Mais quand on est persuadé d'être une nuisance pour ses propres enfants, incapable de leur apporter le soutien, le confort dont ils ont besoin... Quand on se sent si sale, si seule, si imparfaite qu'on imagine ne pas être digne d'être la mère de deux enfants magnifiques. Quand on souffre tant que plus rien n'est juste, plus rien n'est beau, plus rien ne rassure. Quand on ne vit plus que souvenirs nauséabonds, douleurs, cauchemars, détresse, solitude, honte et culpabilité... On se dit que la mort est la seule issue pour arrêter d'avoir mal, arrêter de décevoir, arrêter de faire du mal.

Mes enfants ont souffert. Je m'en voudrai toute ma vie. Ils sont encore marqués par cette période particulièrement difficile pour eux. Nous avons réussi à parler de tout ça. Et aujourd'hui, ils savent que j'entretiens des rapports normaux avec leur père, qu'il n'existe plus aucune animosité entre nous. Ils ont réussi à surmonter beaucoup de choses, mais comme moi, ils ont de la mémoire, et je sais que parfois, les souvenirs font mal. Mais ils savent que je les aime, et nous avons depuis, construit un véritable foyer, une famille, où ils se sentent en sécurité, où ils ont chacun leur place.

Ils ont à présent une petite sœur de deux ans et demi, un trait d'union entre mon mari et eux, un petit bout de vie qui a cimenté notre famille.

Et oui, c'est une petite fille qui est mon troisième enfant. Et je voulais une fille ! J'étais enfin prête. S'il est vrai que j'ai parfois peur, parce que je sais que les femmes sont encore trop souvent victimes d'agressions, je m'efforce de penser que son tempérament fort, et l'éducation que nous lui offrirons vont la préparer à l'avenir. C'est une petite fille désirée, aimée, entourée d'une famille bienveillante.

Le fait d'avoir eu deux garçons quand je voulais des garçons, et une fille quand je me suis sentie prête me conforte dans l'idée que j'ai quand même une bonne étoile, et que si je n'ai jamais vraiment eu de chance dans la vie, j'ai au moins eu celle d'avoir les enfants dont je rêvais.

Mes enfants ont l'avenir devant eux. Ils sont également mon avenir. Et c'est aussi pour eux que je me dois de me raconter. Car un jour, ils auront besoin de savoir, de comprendre, pourquoi notre famille est si éparpillée. Pourquoi il m'arrive de pleurer seule, a priori sans raison apparente. Pourquoi parfois je suis si difficile à cerner. Je ne veux pas que d'autres leurs offrent une autre version de moi. Je ne veux pas leur mentir sur ce que je suis.

Je suis fière d'eux. Comme toutes les mères devraient l'être de leurs enfants. A ceci près que je les regarde comme une victoire sur la vie, sur mon enfance.

Cependant, je me sais parfois trop protectrice, comme je me sais également trop dure. Je sais que j'ai tendance à les pousser vers l'autonomie, le sens des responsabilités, et je ne suis pas du genre à offrir tout et n'importe quoi. Je les éduque avec la notion de mérite. Je n'ai acheté aucune console de jeux : ils les ont achetées avec leurs économies. Je n'achète pas de marque, de vêtements chers. Ils savent que ce n'est pas pour les priver. Je souhaite qu'ils se donnent du mal pour leur avenir. Qu'ils aient conscience que le travail scolaire n'est pas pour me faire plaisir mais pour la vie qu'ils vont se construire, et que dans la vie, il faut se battre, il faut s'imposer. J'ai besoin qu'ils sachent qu'on n'a pas toujours ce que l'on veut parce qu'on le veut. Et surtout j'ai besoin de savoir qu'ils sauront se débrouiller plus tard, qu'ils aimeront leur vie, leur quotidien. J'ai besoin qu'ils aient ce choix que je n'ai pas eu.

Et c'est vrai, j'ai encore peur. De disparaître, et de les laisser sans les avoir préparés à l'avenir. Alors c'est pour cette raison que parfois je leur en demande tant.

Mais je rassure tout le monde, pour autant que je sois dure parfois, mes enfants ont autant de câlins qu'ils en demandent, je sais leur dire que je les aime, leur dire à quel point ils peuvent être fiers de ce qu'ils sont, ils ne manquent jamais des petits plaisirs comme les crêpes, les petits plats, les gâteaux et les chocolats. Jamais ils n'ont manqué de soin, de nourriture, de protection, d'attention. J'espère être en mesure de les épauler chaque fois qu'ils auront besoin de moi.

Mes enfants sont le reflet de ma réussite, qui est simple : je suis devenue une maman, j'ai de l'amour à leur donner à profusion, et ils me le rendent bien !

213

Construire une famille, devenir parent, c'est donc aussi possible, même quand on a vécu une enfance mutilée. Et on ne devrait plus jamais sous-entendre le contraire...

Pour y parvenir, je pense qu'il faut quand même admettre l'idée qu'on n'est pas sale, pas coupable et qu'on a le droit d'aimer. Il faut aussi avoir bien à l'esprit que ce qu'on nous a fait subir est mal, et que c'est grave. L'entourage n'aide pas souvent, parce qu'il a tendance à minimiser notre drame. Mais on peut le faire, avec du recul et du soutien. Le soutien peut venir d'un professionnel, d'un ami, ou de celui ou celle avec qui on a décidé d'être enfin entier, et de partager sa vie.

Avoir des enfants c'est ce qui me pousse à regarder vers l'avenir quand fatiguée pour une raison ou une autre le passé me griffe le dos, me force à le regarder en face. Mes enfants sont un prolongement de moi, comme ils sont beaux, je ne suis plus moche... je ne savais pas m'identifier à mes parents, j'ai appris à le faire avec mes enfants, je souris quand je vois sur eux un petit quelque chose de moi : une expression, un aspect du caractère.

Je ne serai jamais une mère parfaite, mais j'ai compris que l'important c'est de faire de son mieux, de tout donner pour que mes enfants aient toutes les chances de construire une vie heureuse. La perfection n'existe pas, surtout pas pour ce qui est de la parentalité.

Alors je m'autorise à dire que finalement, je suis une bonne maman !

La vie, aujourd'hui.

Je pense être parvenue à mener une vie quasi normale. Mais pas tout à fait.

Je n'ai pour toute famille que mon mari et mes enfants. Je n'ai plus de parents, plus de frères.

C'est parfois difficile à vivre, parce que ce n'est pas comme s'ils étaient morts, je ne suis pas véritablement orpheline, ils sont en vie, mais ils ne sont plus dans ma vie.

C'est bien moi qui ai fait le choix de me retirer, mais c'est le seul choix qui m'était encore possible. J'avais tenté la discrétion, le silence, puis la tentative d'explication, mais jamais je n'ai été entendue. Je souffre donc de ce manque de liens familiaux, mais pas de leur absence à eux, tels qu'ils sont.

Mais je suis heureuse de ma vie. Mon mari a su me faire revivre, c'est même une seconde naissance qu'il m'a offerte en me permettant de ne plus rien avoir à cacher, en me permettant de tout dire, de me libérer. Je suis moi, enfin, sans avoir à me demander à qui je dois ressembler pour être quelqu'un de bien, pour être normale. Mon mari c'est cette victoire, cette réussite, ce souffle de vie qui m'a remise debout. Il sait tant de choses et ne m'a jamais jugée. Il est mon avenir.

Forcément, mon enfance fait partie de moi, ce calvaire a duré tellement longtemps, que je ne peux pas faire comme s'il était possible de tout mettre de côté et oublier. Je vais avoir quarante-deux ans, j'ai vécu en enfer pendant un tiers de ma vie. Comment oublier ?

Les cauchemars continuent, les angoisses, les idées sombres, les pulsions de colère. Parce que je souffre physiquement de séquelles, il ne m'est pas possible d'oublier.

Je suis devenue hypersensible, ce que les gens appellent une écorchée vive. Alors je tente de me protéger de l'extérieur, car je suis facilement blessée par certains mots, certains comportements.

Un jour, un copain m'a dit, parce qu'il trouvait que j'étais entêtée, que je n'avais sans doute pas reçu assez de coups quand j'étais petite. C'était pour rire. Il ignorait d'ailleurs ce que j'avais vécu. Mais ça m'a fait mal.

Une autre fois, un collègue de travail m'a dit : « c'est fou, tu souris tout le temps, tu dois être la nana la plus heureuse du monde, t'as de la chance de n'avoir jamais connu le malheur ». Que répondre ? Je me suis sentie mal à l'aise.

Mon mari me reproche souvent de ne pas prendre la douleur au sérieux. Il me connaît, il sait que si je dis que j'ai mal, c'est que j'ai déjà trop mal pour contenir cette douleur. Mais la plupart du temps, quand je suis malade, quand je suis blessée, je l'explique en riant nerveusement. Donc, certains pensent que j'aime dire que j'ai des bobos, mais si c'était vrai, je ne plaisanterais pas comme ça. Mais comment expliquer que quand on a connu des douleurs telles qu'on a eu envie de mourir pour que ça s'arrête, on ne veut plus s'attarder sur la douleur, et qu'il faut atteindre un certain degré pour ne plus parvenir à sourire ? Comment dire quand on a un lumbago aigu que ce n'est pas grave, puisqu'on a connu bien pire, comment faire comprendre aux gens que oui, on est debout avec un bébé dans les bras à agir normalement alors que logiquement on devrait être cloué à un lit ?

Pour que mon entourage me comprenne, je suis forcée de parler de moi. Je ne le fais que lorsque je tiens aux personnes, quand je sais que mes paroles ne seront pas prises pour un besoin de se faire plaindre, d'attirer l'attention ou que sais-je encore.

Et donc, aujourd'hui, je ne me tais plus. Pour rien. Quel que soit le sujet qui me chagrine, je le dis. Un comportement que je n'aime pas, je le dénonce, je cherche des explications. Je donne mon avis, je n'ai plus peur qu'on me juge mal de ne pas penser « comme tout le monde ». Je m'exprime également dans la joie, c'est essentiel pour moi de pouvoir dire que je suis heureuse.

Je suis entourée de quelques amis, en qui je crois, en qui j'ai confiance. Ils savent qui je suis, et ne me tiennent pas rigueur de mes petits débordements.

Pour autant, je ne me sers pas de mon enfance pour excuser mes échecs, mes actes manqués, mes erreurs de jugement. J'assume qui je suis, mais j'assume aussi ce que je dis et fais. C'est d'ailleurs vital pour moi, car c'est une vraie liberté que de pouvoir faire des erreurs, ça prouve que l'on fait quelque chose. C'est la preuve que je suis en vie, que j'existe.

Pour beaucoup, je suis une personne délirante, je ris beaucoup, j'écris des histoires folles, dont l'héroïne s'appelle Podelapin. Dans ces histoires je voyage dans des mondes fabuleux, plein de couleurs, de personnages fantaisistes. Il semble que je possède un certain humour, décapant et cynique. Je ne me rends pas bien compte à vrai dire, car quand je me lance dans l'écriture d'une de ces histoires, je ne sais pas à l'avance ce que je vais écrire, et je me relis rarement avant plusieurs semaines. Quand je me lis, je me dis « mais où vas-tu chercher tout ça ? ». Ces mondes-là me permettent de m'évader, de faire de mes peurs des plaisanteries. Et surtout, j'ai besoin de rire.

Je chante aussi, c'est un besoin presque viscéral, faire sortir de moi des mots, des émotions, des colères, des questions. C'est un exercice de lâcher-prise qui me fait du bien, comme d'ouvrir la soupape d'une cocotte-minute.

J'aime, mes enfants, mon mari, mes amis. Je ne me lasse pas de leur dire, parce que je le ressens. Parfois, je regarde l'un des miens, et j'ai les larmes qui montent, de bonheur, parce que je suis heureuse d'être là, avec eux.

J'ai peur. J'ai si souvent souhaité la mort, qu'aujourd'hui, alors que j'aime la vie, ma vie, j'ai peur de mourir trop jeune, de ne pas profiter de tout ce bonheur. J'ai peur de la maladie, de l'accident. J'essaie de ne pas laisser cette peur prendre trop de place, car je ne veux pas qu'elle pollue mon quotidien. Mais quand j'attends les résultats d'un examen médical, je ne peux m'empêcher de penser « pourvu que ce ne soit rien ». J'ai donc tendance à négliger ma santé, pour éviter de m'inquiéter, pour ne pas me complaire dans un statut de victime.

La vie que je mène est celle dont j'aurais pu rêver, à quelques détails près. J'aurais aimé faire de longues et belles études, j'étais passionnée de littérature, d'histoire, de sociologie. L'humain me fascine depuis toujours, l'humanité m'intrigue. Aujourd'hui, je peine à trouver un emploi, je suis trop compétente, pas assez qualifiée. Mais forcément, j'ai entamé des études à trente-quatre ans, je n'avais pas de baccalauréat. Pas les moyens de choisir, j'ai bien un diplôme, mais largement en dessous de ce que j'aurais pu faire. C'est une source de déception, de tristesse, de honte aussi. J'ai honte de ne pas avoir de travail, de qualifications suffisantes. Dans la famille de mon mari, je suis la seule à me trouver dans cette situation. Je sais que personne ne m'en tient rigueur, mais je me sens mal à l'aise d'être celle qui n'a pas réussi. Et vis-à-vis de mes enfants c'est un peu dur aussi, j'aimerais qu'ils soient fiers de moi.

Je vis en ville, mais je ne m'y sens pas à l'aise. J'ai besoin d'espace, de verdure. Je n'aime pas la foule, les magasins, le bruit. Je ne me sens pas en sécurité en ville. J'espère pouvoir un jour vivre dans un endroit paisible, proche de la nature, loin des apparences.

Je vis, tout simplement. C'est une grande réussite, je n'ai plus envie de me cacher, de m'enfuir, de mentir. Je n'ai plus envie de mourir.

Par contre j'ai des rêves, des envies. Et il me semble que c'est le signe que finalement, j'ai parcouru un long chemin, et que je me suis autorisée à vivre autrement que dans la culpabilité, la honte et la punition. Je me punissais. C'est terminé.

La vie aujourd'hui est donc une vie qui ressemble à celle de n'importe qui. Je ne suis plus la victime de personne.

On me dit souvent forte, pourtant je n'arrive pas à me trouver forte tant j'ai parfois du mal à contenir les larmes. Je me sens encore souvent comme cette petite fille qui avait peur et mal. C'est peut-être ce qui me différencie de la plupart des gens. Je suis une adulte, qui porte en elle une petite fille brisée. J'aimerais dire que je ne ressens plus rien pour cette enfant, mais c'est faux. Je ne souhaite pourtant pas me complaire dans sa douleur. C'est seulement que je la ressens encore parfois, si fort. Je me demande quand ce sentiment cessera. Je souhaite qu'il cesse. Pour le moment, je fais avec et je respecte cette môme à qui on a tant pris, alors si elle pleure encore à travers moi, je l'autorise à le faire, puis je sèche mes larmes et endosse mon costume de superwoman. Je sais que je ne suis plus la petite Séverine, je sais que le calvaire est fini, j'ai conscience que je mène une vie que beaucoup envieraient. Mais mon cœur l'oublie parfois.

Pourquoi ce livre ?

Vous l'avez compris, je ressens un besoin énorme de m'exprimer.

Je crois qu'il est évident, quand on a été contraint au silence, qu'une fois que l'on acquiert la possibilité de parler, de s'exprimer, on en profite. Quelle que soit la manière dont je le fais, je m'exprime, c'est vital, c'est ce qui me permet de ne pas ressasser, ne pas me morfondre et surtout de comprendre, de chercher des avis pour m'aider, bref d'aller mieux.

J'avais besoin de mettre à plat une fois pour toutes ce qui était dans ma tête, dans mon cœur. J'avais besoin qu'il soit évident que oui, j'ai bien été la victime d'un monstre.

Je n'ai pas eu cette reconnaissance de la part de la justice, de ma famille. Je m'autorise moi-même ce statut, cette reconnaissance, pour pouvoir dire également, « et maintenant, je suis autre chose, je suis une personne comme vous ».

Je sais que ma parole sera toujours remise en question par ceux qu'elle dérange. Mais ça n'a pas d'importance, car je sais ce que j'ai vécu, je sais que mes souvenirs sont des souvenirs et pas une invention de mon imagination malade... Je sais.

Je me fous du jugement de ceux qui prétendent que je mens, car je n'aimerais pas être à leur place, avec leur conscience. Ils jouissent d'un certain confort, pour le moment, mais le temps passe, qu'en sera-t-il au moment de passer de l'autre côté ? Je me fous de leur avis car je sais qu'il est basé sur des mensonges et un égoïsme disproportionné. Alors les décevoir, les blesser même, je m'en fous. Ce qu'ils pensent n'a plus d'importance puisque nous ne sommes plus liés par rien d'autre que le mépris, la violence.

Ils m'ont poussée à parler, à écrire tout ceci pour une raison si stupide, si futile en réalité.

Sur un réseau social, j'avais écrit un article, visible par une quinzaine de personnes proches, dont ma mère et l'un de mes frères. Dans cet article, je disais ceci :

Voir passer les années sans réagir c'est juste inutile, et presque douloureux si l'on considère que les anniversaires sont un compte à rebours qui nous mène lentement mais sûrement à la mort.
Pourtant, on peut aussi prendre du recul sur les années, les mois passés et faire le bilan. Se rappeler de là où l'on vient, quels chemins on a empruntés et se demander là où l'on voudrait se trouver dans un an, dans dix ans.
Je me souviens que quand j'étais petite, je voulais être grande pour pouvoir me défendre, protéger ma mère, mes frères, et devenir libre. Je me souviens que je voulais résister, me battre, être forte, et je me disais que j'étais capable de tenir le coup, d'encaisser les coups, les humiliations et tout le reste… Parce qu'un jour je serais grande et alors ce jour-là je ne serais plus une victime.
J'imaginais ça, que les « grands », les adultes ne pouvaient pas être victimes. C'est bien la preuve que lorsqu'on est môme on ne comprend pas, on ne voit pas ce qu'il y a sous nos yeux. Moi je ne voyais pas que sous mes yeux, il y avait celle

que je voulais protéger, ma mère, une adulte, et donc qu'adulte ça ne signifie rien.

On devient adulte par la force des choses, on vieillit, mais notre cœur est construit dès notre naissance, il est grand ou petit, faible ou fort, pur ou crade. L'innocence des enfants est un mythe, quand on observe vraiment les enfants de près, on se rend compte qu'il y a chez certains une vraie cruauté qui ne demande qu'à s'exprimer. Avant d'être des créatures civilisées, nous étions des animaux. Nos enfants sont des animaux que nous préparons peu à peu à devenir des non-animaux. Nous leur enseignons des règles, des codes, qu'ils suivront plus ou moins jusqu'au jour où nous ne serons plus en mesure de décider pour eux. Alors devenir adulte, finalement, c'est avoir intégré tellement de codes que l'on en devient « responsable », que l'on prend le temps de la réflexion, que l'on agit avec une conscience des conséquences de nos actes. Ce n'est donc pas une question d'âge, on peut être vieux à 20 ans, jeune à 60, tout dépend finalement de notre sensibilité et de la valeur que nous donnons à nous même, aux autres, au matériel, à la vie...

Je suis devenue adulte très tôt. Parce que très tôt j'ai compris que je vivais en enfer et que mon salut ne viendrait que de mon aptitude à encaisser, rêver, analyser, anticiper, résister. Je savais que je n'avais pas le choix, que la liberté est un mythe et que chaque être humain est condamné à servir quelqu'un, quelque chose, pour sa survie. A 12 ans, je n'avais plus espoir de devenir grande, mais j'essayais de tenir bon, la peur au ventre, le sentiment que la vie de ceux que j'aimais ne tenait qu'à ma capacité de ne rien dire, de supporter encore et toujours. Mais j'étais fatiguée. Epuisée. Désespérée. A 12 ans, je voulais mourir. J'étais alors persuadée que de toutes façons, ma seule issue était la mort, et qu'elle arriverait brutalement, il me tuerait, pour m'empêcher de devenir assez forte pour lutter.

Peut-être même qu'il les tuerait avant pour me faire très mal, me déchirer les entrailles avant de m'arracher le cœur.

Je ne suis pas morte. J'ai essayé. Mais je ne suis pas morte.

Les années ont passé, faisant de moi une créature à moitié humaine car en réalité je ne vivais qu'en surface, je donnais le change, je mentais sur ce que j'étais : un monstre. A 15 ans j'ai voulu pactiser avec le diable pour être libérée de cet enfer. Avant, j'avais passé des heures à prier, personne n'a cru bon entendre mes prières, regarder vers moi, et me sortir de là... Finalement, j'en ai conclu que Dieu et Diable se valent, car ils étaient absents.

Alors... Je décide de sauter d'un pont, me jeter sur la voie ferrée au passage du train. Un ange est passé. Un gars qui m'a vue, reconnue, qui a voulu que je vive. Il m'a sauvée. Il m'a aimée. Il est mort deux ans plus tard. Parce que la vie est une pute. Elle laisse respirer des monstres, et assassine des cœurs purs.

J'ai résisté. Encore. Des années de douleurs, d'envies suicidaires, d'envie de meurtres. Quelques passages à l'acte, des échecs. Je ne suis pas bonne pour donner la mort, ni à moi, ni à l'autre.

A 20 ans, je suis vivante. A priori. En réalité, je suis dingue, excessive, violente, parano, je veux me prouver que je suis en vie en me mettant en danger. Frôler la mort pour savoir que je suis en vie. Mon corps n'est rien qu'un morceau de viande que je n'aime pas, c'est lui qui l'a rendu comme ça, il m'a tellement salie que cette enveloppe corporelle me dégoute et ne m'appartient pas. Peu importe qu'elle souffre, qu'elle picole, qu'elle vomisse, qu'elle baise, qu'elle frappe, qu'elle agonise, qu'elle chiale, cette enveloppe là ce n'est pas moi.

A 22 ans, je suis agressée, violée, battue. Il ne savait pas que j'avais survécu à pire que lui. Il ne savait pas qu'il ne fallait pas me faire ça, à moi. A l'hôpital, je ne me souviens de rien. Je refuse de me souvenir. Je mens à « mes proches ». Ma famille ignorera donc que j'ai été capable de me défendre.

A 23 ans, je veux vivre. Je suis persuadée que je serai morte avant 40 ans. Alors je dois vivre. Et surtout je dois aimer. Mais je ne sais pas comment ça marche d'aimer quelqu'un. Je n'aime personne. Je ne m'aime pas. Je n'aime plus ma mère, ni mes frères parce qu'ils sont une partie de cette vie dont je ne veux plus. Moi je veux une vraie vie. Du bonheur. Alors je décide d'avoir un enfant. Un bébé que je pourrais aimer, et que jamais personne ne m'enlèverait. Je veux un garçon. Je veux un trésor, un être si beau, si précieux qu'il va me faire oublier tout le reste.

Ce ne sera pas si facile finalement... Mais à 25 ans, je deviens maman. Mon Louis est comme le soleil : il réchauffe mon âme, me fait découvrir qui je suis, ce que je peux donner, recevoir... Ce bébé-là me sauve la vie en devenant ma raison d'être.

Un petit frère suivra, parce que je n'imaginais pas que Louis soit seul. Je voulais qu'il ait un frère, un compagnon de vie, une personne qui serait toujours là, pour qui il serait important, autant que pour moi. Arthur est né, pourtant il était condamné par les médecins, sa vie dans les 6 premiers mois de grossesse ne tenait qu'à un fil. Mais il s'est accroché. Il a offert ce frère à Louis, m'a offert une preuve que la volonté de vivre est ancrée dans nos gènes. Nous sommes vivants parce que rien ni personne ne peut nous ôter le souffle tant que nous nous y accrochons.

Mes fils me rappellent que j'ai des frères, et qu'ils ont été eux aussi ma raison d'être, ma raison de survivre, de m'accrocher. Autant que celle de vouloir disparaître.

A 30 ans, je suis une ratée dans toute sa splendeur. Un mari qui n'en est pas vraiment un, un divorce en cours, un amour véritable foutu en l'air par trouille, une famille qui ne me connaît pas. Je me rends compte que j'ai bâti ma vie sur un mensonge. J'ai fait croire à tout le monde que j'allais bien. Que j'avais « oublié », et que j'étais « normale ».

En réalité je suis folle. Je cauchemarde chaque nuit, j'ai l'impression que le monstre va ouvrir la porte de ma chambre, dans la salle de bain je m'enferme en vérifiant 15 fois de suite que la porte est bien fermée et je m'enferme dans le placard où je me recroqueville pour pleurer et m'endormir.

Professionnellement je suis à la ramasse... De toutes façons tout m'emmerde, tous m'emmerdent, je les hais tous... sauf mes enfants. Mais j'ai le sentiment d'être une mauvaise mère. Parce que je suis dure avec eux. Parce que je veux les préparer à la vie, aux autres. Et peut-être aussi à ma disparition brutale...

La veille de mes 32 ans, je suis dans le coma. J'ai voulu mourir. En finir une fois pour toutes. Délivrer mes enfants de cette mère qui n'est que douleur et qui n'a pas su empêcher leur père pourtant malade et manipulateur de me les prendre. Il a dépeint au juge une mère dangereuse pour ses enfants... « Elle a subi des violences pendant son enfance, elle n'est pas équilibrée, elle risque à tout moment de reproduire » ... Voilà. On me condamne à être à vie un monstre, une plaie béante, une créature qui a tellement souffert que finalement elle ne peut que faire souffrir. Alors pour être certaine de ne jamais faire souffrir mes enfants, pour ne nuire à personne, je préfère me supprimer. Le hasard fera que quelqu'un qui tenait un peu à moi me téléphone ce jour-là, au moment précis où je commençais à sombrer.

Je suis donc en vie.

Une chose m'obsède : me venger. Je veux tuer celui qui a fait de moi ce que je suis. Des dizaines de fois j'ai échafaudé des plans. Des dizaines de fois je suis allée devant chez lui. La seule chose qui m'ait retenue : je savais que je ne saurais pas m'arrêter. Le tuer serait forcément le début. Je devrais ensuite éliminer tous ceux de son espèce. Donc je deviendrais un assassin. Je serais aussi immonde que lui. Je refusais l'idée de laisser ça à mes fils : une mère folle, une meurtrière. Pas eux, pas ce poids sur leurs épaules...

33 ans. L'âge du Christ... le renouveau, la résurrection... Je décide de reprendre ma vie en mains.

34 ans et quelques mois : je rencontre enfin l'Homme de ma vie. Mon âme sœur. Celui que j'appelle de toutes mes forces depuis toujours. Il existe.

Il m'offre une seconde naissance. Une Vie. Une famille. Il m'offre la possibilité de vivre à nouveau avec mes enfants. Il m'offre l'Amour que chacun rêve de rencontrer.

38 ans. Le mariage le plus extraordinaire, le plus beau, le plus naturel, le plus évident, le plus amoureux.

39 ans... Une petite fille, une nouvelle vie de maman, autrement, avec deux ados dont je suis fière et ce petit bout de cet homme qui est devenu mon oxygène, une petite fille que je veux si loin de celle que j'étais, c'est-à-dire heureuse.

J'ai 41 ans. Je suis en vie. Je suis heureuse. J'aime. Je suis aimée.

Ma famille est une vraie famille. Mon cœur est au complet. La petite « moi » est toujours là. Je suis devenue grande quand même, malgré tout. Je ne suis pas encore vraiment adulte. Je ne veux pas l'être. Je n'ai pas eu le temps d'être une *enfant. Je ne veux pas vieillir trop vite. Je veux profiter de cette vie, et de ceux que j'aime. Je veux offrir tout ce qui est le meilleur de moi, je veux laisser de moi l'image de cette nana heureuse, qui vit dans un autre monde mais est tellement proche de ceux qu'elle regarde dans les yeux.*

Mes amis sont des pierres précieuses, je m'entoure d'eux comme on orne un cou d'un collier précieux. Ils font de moi une belle personne. Une personne que j'arrive à aimer, sans complaisance. Des amis à qui je n'ai pas besoin de mentir pour ne pas les faire fuir. Ils savent. Mais ils sont là. Sans me contraindre aux obligations bienséantes de papotages inutiles. Je peux les perdre de vue un temps, mais où qu'ils soient, je les retrouve intacts, entiers, et je les aime pour ce qu'ils sont : différents de cette norme dont je ne ferai jamais partie.

Dans 10 ans, je serai encore là, et dans 20, et 30... Je vais goûter la vie jusqu'à mon dernier souffle, savourer chaque rayon de soleil, chaque sourire.

Parce que les chaînes qui entravaient mes pas je les ai écrasées sous mes pieds. La force de le faire c'est mon homme qui me l'a mise dans le cœur.

Plus rien, jamais ne m'empêchera d'être heureuse de vivre.

On ne vieillit pas. On prend des années. A 41 ans, on a le même cœur qu'à 1 an, simplement plus rempli de toutes ces émotions qui nous ont traversées.

Carpe Diem.

Je n'ai plus rien à cacher.

C'était une mise à nue, je fêtais mon anniversaire avec fierté, satisfaction et amour. Je voulais exprimer mon bonheur. J'étais fière de dire que malgré les difficultés, j'étais parvenue à cette vie que j'aime et que je ne souhaite plus quitter. Je pensais que c'était clair.

Ma mère et mon frère ont considéré que je me plaignais de ma vie, que je n'avais pas à parler de nos histoires de famille, que je les salissais parce que leurs propres amis sur ce réseau social allaient lire ça et ce serait la honte. Je leur ai expliqué que les paramètres de confidentialité étaient gérés de manière que cette publication ne soit visible que par des personnes triées.

Ils n'ont pas voulu m'entendre. Ils ont fini par tenter de me faire entendre raison : « tu vis avec le passé, tu n'avances pas, tu es malade, tu nous rends tous malheureux » … Et comme j'ai osé affirmer que je ne suis pas malade, que je ne vis pas dans le passé puisque j'ai une vie équilibrée, ils ont décidé de dire de moi que je mens. Ils ont décidé de reprendre la moindre de mes paroles pour lui donner un sens différent, prétendre que j'ai inventé toute ma vie. Bref, ils n'ont rien compris de ce que j'avais écrit, du fait que j'étais enfin heureuse. A moins qu'en réalité, mon bonheur les dérange au point de vouloir le démolir ? Je ne sais pas… Mais ce que je sais, c'est que leur attitude, leurs paroles, leurs accusations ont été un coup de poignard en plein cœur.

Et comme ils me demandaient de me taire, j'ai décidé de parler, et de tout dire. Je crois que le fait de parler du passé, de l'analyser, de chercher à comprendre ce que j'ai vécu, pourquoi et quelles en ont été les conséquences, tout ça me permet de pouvoir avancer. Mais c'est possible à condition de rester objectif et de savoir se remettre en question. Je pense avoir su le faire, en tous cas j'ai fait de mon mieux.

Quand on se regarde dans le miroir, on voit notre reflet mais également ce qui nous entoure, ce qui est derrière nous. Quand on veut se remettre en question, c'est pareil : il faut savoir regarder autour de nous, et derrière nous. On ne peut pas avancer en se contentant de se regarder le nombril... Pour savoir dire où l'on veut aller, il vaut mieux ne pas oublier d'où l'on vient : pour ne pas tourner en rond. C'est ce que j'ai fait, depuis plusieurs années. C'est de cette manière que j'ai réussi à comprendre les responsabilités de chacun, et d'assumer mes erreurs, mes mauvais choix.

Alors ce livre est la dernière étape de cette mise à plat, c'est le dernier volet de mon parcours de résistante. Je n'ai plus besoin de résister, j'ai accepté qui je suis, d'où je viens et je sais où je veux aller.

On pourra toujours m'accuser de tous les maux. L'important pour moi, c'est que j'ai enfin su prendre la parole.

C'est ma parole, elle n'a pas moins de valeur que celle de mon bourreau, ou de ceux qui le protègent sans même s'en rendre compte.

La parole, c'est bien l'unique chose que l'on puisse rendre à une personne qui a été contrainte au silence.

La parole, c'est ce que l'on devrait offrir à toutes les victimes de pédophilie, de crimes incestueux, pour qu'enfin, elles ne soient plus victimes, qu'elles puissent prendre les rênes de leur vie en mains.

C'est la parole qui libère, qui apaise l'âme, qui permet de mettre hors de nos cœurs, nos têtes, et nos ventres les souvenirs innommables que nous sommes seuls à supporter.

J'aimerais que ma parole soit entendue par ceux qui décident des lois. J'aimerais que ces gens comprennent que la prescription ne devrait pas exister. Il existe des signes de souffrance qui constituent des preuves du traumatisme subi, ces signes perdurent au fil des années.

Nous souffrons, nous enfants violés, humiliés, de cette solitude, de cette injustice que nous devons porter à vie. Pourquoi protéger nos bourreaux ? Pourquoi ne pas admettre que violer un enfant c'est le tuer un peu, un peu plus chaque jour. C'est morceler sa vie, son âme, sa personnalité. Pourquoi devons-nous subir le déni, la honte, la culpabilité alors que nos bourreaux vivent paisiblement au sein de familles qu'ils ont amputées de l'un des leurs ?

La parole…

Parce que les mots sont tout ce qui me reste pour raconter les atrocités, et tenter de sensibiliser les gens à cette horreur qu'est la pédophilie.

La pédophilie n'est pas une pratique sexuelle. La pédophilie c'est un homme adulte qui écarte les jambes d'un enfant pour s'introduire dans son ventre, dans la douleur, la peur, l'horreur et l'incompréhension. C'est une agression violente et irréversible.

Par respect pour mes enfants, pour qu'ils ne croient pas que je ne me suis pas révoltée. Pour qu'ils n'imaginent pas que je n'ai jamais osé dénoncer. Je n'ai pas souhaité protéger les responsables, je n'avais pas conscience que c'est ce que je faisais en me sacrifiant, en me taisant.

J'ai pris la parole, et j'aimerais la faire passer à ceux qui comme moi, ont tant à dire… Parce que pour lutter contre la pédophilie, il faut la connaître, la comprendre. Pour aider les victimes, il faut voir avec leurs yeux, sentir avec leur cœur, et écouter leurs maux pour pouvoir les panser, il faut leur rendre la parole qu'on leur a confisquée.

Table des matières

Achevé d'imprimer en mai 2019
Pour le compte de Z4 Editions

Dépôt légal : mai 2019

www.ingramcontent.com/pod-product-compliance
Lightning Source LLC
Chambersburg PA
CBHW052036090426
42739CB00010B/1931